スペイン語の
ムードとモダリティ
日本語との対照研究の視点から

Modo y modalidad en español: un estudio contrastivo con el japonés

福嶌教隆
Noritaka FUKUSHIMA

本書の出版に当たってはスペイン文化省のグラシアン基金より助成をいただきました。

La realización de este libro fue subvencionada por el Programa "Baltasar Gracián" del Ministerio de Cultura de España.

Modo y modalidad en español: un estudio contrastivo con el japonés
Noritaka FUKUSHIMA

KUROSIO PUBLISHERS
Nibancho 4-3, Chiyoda-ku
102-0084 Tokio
Japón

はじめに

　スペイン語（イスパニア語）の動詞は，叙法（ムード，英語で mood，スペイン語で modo）と呼ばれる体系を持つ。叙法はモダリティ（英語で modality，スペイン語で modalidad）を表す上で重要な働きをする。スペイン語の叙法については，これまでに膨大な研究の蓄積があるが，本書では，第1に，日本語学のモダリティの研究成果を援用することで，また第2に，電子コーパスから得られる資料やインフォーマント調査を活用することで，問題の解明にいささかなりとも新たな貢献をしようと試みる。

　本書は，筆者がこれまでに発表した研究論文などをもとに，スペイン語のムードとモダリティについての現時点での考えを示したものである。章によって用いた言語資料の種類と収集時期が異なる場合があるが，言うまでもなく，議論そのものは単一の基軸で貫かれている。

　要した時間に比してささやかな成果ではあるが，本書の実現に至るまで，実に多くの方々のお世話になった。このテーマを筆者に勧め，修士論文を指導してくださった大阪外国語大学 元学長 山田善郎先生，本書の基礎となる博士論文の指導をしてくださった Universidad Complutense de Madrid 元教授 Ignacio Bosque Muñoz 先生，日本語学への道案内をしてくださった畏友 神戸市外国語大学名誉教授・関西外国語大学教授 益岡隆志氏をはじめ，国内外の多くの研究者，友人，学生の皆さんとの出会いがなければ，このような形ですら研究成果を世に問うことはできなかっただろう。

　本書の刊行に際し，スペイン文化省よりグラシアン基金（Programa "Baltasar Gracián"）の助成をいただいた。心から感謝するとともに，刊行まで大変な時間がかかってしまったことを深くお詫び申し上げる。

　また，くろしお出版（編集部 池上達昭氏，荻原典子氏）には，この出版企画を受け入れてくださったこと，実現まで辛抱強く待ち，励ましてくださったことに対し，感謝と申し訳なさ以外の言葉が見当たらない。

2018 年 9 月
福嶌教隆

目　次

はじめに i
凡　例 vii

第 1 章　序　論 1
1.1　本書の目的と構成 1
1.2　直説法と接続法 2

第 2 章　叙法の機能に関する従来の諸説 7
2.1　統語面からの規定 7
2.2　意味面からの規定 12
    2.2.1　「現実」対「非現実」 12
    2.2.2　「現実」対「願望，疑惑」 13
    2.2.3　「客観性」対「主観性」 13
    2.2.4　「断定」対「断定保留」 14
    2.2.5　「主張」対「無主張」 14
    2.2.6　「主たる情報」対「副次的情報」 15
    2.2.7　その他 16
2.3　一元論・二元論・多元論，有標・無標 17
2.4　まとめ 18

第 3 章　スペイン語と日本語のモダリティ 21
3.1　スペイン語のモダリティ 21
3.2　日本語のモダリティ 22
3.3　スペイン語と日本語のモダリティの対照研究 25

第 4 章　叙法の機能に関する新たな提案　29
- 4.1　提案　29
- 4.2　提案（表 5）と第 2, 3 章との関係　35
- 4.3　提案（表 5）と基本的事例　36
  - 4.3.1　独立文　37
  - 4.3.2　名詞節，名詞修飾節　40
  - 4.3.3　関係節　41
  - 4.3.4　副詞節　42
  - 4.3.5　条件節　43

第 5 章　名詞節 I（要素の付加，移動）　45
- 5.1　要素の付加　45
- 5.2　要素の移動　49

第 6 章　名詞節 II（多重従属）　53
- 6.1　一般的な多重従属　53
- 6.2　非局所的支配による多重従属　54

第 7 章　名詞節 III（感情節）　59
- 7.1　序論　59
- 7.2　映画のシナリオを資料体として　60
- 7.3　電子コーパスを資料体として　63
- 7.4　感情節と情報の焦点　65

第 8 章　名詞節 IV（思考節，虚偽節）　71
- 8.1　思考節（否定命令文，修辞疑問文の場合）　71
- 8.2　思考節（無標の疑問文の場合）　74
- 8.3　虚偽節　78

第 9 章　名詞修飾節 ... 81
- 9.1　el hecho 節 ... 81
- 9.2　el hecho 節の叙法選択規則 ... 83
- 9.3　el hecho 節を用いた文の容認度 ... 87
- 9.4　「情報の非焦点化」操作 ... 93

第 10 章　副詞節 I（譲歩節） ... 97
- 10.1　aunque 節 ... 97
- 10.2　aunque 節の叙法選択規則 ... 99
- 10.3　文例収集 ... 105
- 10.4　インフォーマント調査 ... 110
- 10.5　結論 ... 114

第 11 章　副詞節 II（結果節） ... 115
- 11.1　de ahí que 節 ... 115
- 11.2　de ahí que 節の叙法選択規則 ... 118
- 11.3　文例収集 ... 122
- 11.4　他の要素の挿入 ... 129
- 11.5　結論 ... 132

第 12 章　結　論 ... 135
- 12.1　本書の議論のまとめ ... 135
- 12.2　本書で論じたこと，論じなかったこと ... 142

参考文献 ... 145
索　引 ... 155

凡　例

〈語釈略記〉

直：直説法　　　　　　　　　　過分：過去分詞
接：接続法　　　　　　　　　　1〜3：1〜3人称
現：現在形　　　　　　　　　　単：単数
過：過去形　　　　　　　　　　複：複数
点：点過去形（単純過去形）　　　再帰：再帰代名詞
線：線過去形（不完了過去形）　　接続：接続詞
未：未来形　　　　　　　　　　関：関係詞
過未：過去未来形　　　　　　　定：定冠詞
現完：現在完了形　　　　　　　不定：不定冠詞
不：不定詞　　　　　　　　　　否：否定辞
現分：現在分詞

〈例文中の叙法識別〉

ボールド体の文字：直説法
ボールド・イタリック体の文字：接続法

〈表の一覧〉

（表1）スペイン語の動詞の諸形態
（表2）叙法の意味的働きに関する諸説
（表3）叙法の働きを考えるうえでの留意点
（表4）叙法の分析にモダリティ，日本語との対照研究を関係づけるうえでの留意点
（表5）提案：スペイン語の叙法の機能分担規則
（表6）接続法を導く叙法導入辞の例
（表7）直説法を導く叙法導入辞の例
（表8）資料体とした映画のシナリオ
（表9）（表8）の資料に見られる感情節の事例（叙法導入辞で記す）
（表10）CREAのalegrarseの事例
（表11）感情節の基本構文・疑似分裂文の事例数
（表12）creerを主動詞とする疑問文と叙法
（表13）el hecho節の叙法選択に関する諸説

(表14) el hecho 節の叙法選択規則
(表15) el hecho 節を用いた文の容認度（スペイン）
(表16) el hecho 節を用いた文の容認度（ラテンアメリカ）
(表17) el hecho 節を含む平叙文・部分疑問文の叙法
(表18) 事実を表す aunque 節に接続法が用いられる用法に関する諸説
(表19) aunque 節の叙法選択規則
(表20) 上田・編（1984–1997）中の aunque の使用内訳
(表21) 上田・編（1984–1997）中の aunque 節の意味内容
(表22) aunque 節を用いた文の容認度（スペイン）
(表23) aunque 節を用いた文の容認度（ラテンアメリカ）
(表24) de ahí que 節の叙法選択規則
(表25) CREA における de ahí que 節の使用状況
(表26) CREA における「de ahí ＋ 推測・結果の動詞 ＋ que」の使用状況
(表27) CREA における「de ahí ＋ el・el hecho de ＋ que」の使用状況

第1章

序　論

1.1　本書の目的と構成

　スペイン語（イスパニア語）は，ラテン語（厳密には俗ラテン語）から派生したロマンス諸語の1つで，スペイン，ラテンアメリカ諸国などで4億を超える人々によって用いられている。その特徴の1つは，動詞が豊かな屈折体系を持つことにある。一般に，各々の動詞は次のような形態を持つ（現代語では使用がまれな形態は省く）。

（表1）スペイン語の動詞の諸形態

```
定形：　1. 直説法…単純形…現在形，点過去形（単純過去形），線過去形（不完了
　　　　　　　　　　　　　過去形），未来形，過去未来形
　　　　　　　　　　複合形…現在完了形，過去完了形，未来完了形，過去未来
　　　　　　　　　　　　　完了形
　　　　2. 接続法…単純形…現在形，過去形（ra形），過去形（se形）
　　　　　　　　　　複合形…現在完了形，過去完了形（ra形），過去完了形（se形）[1]
　　　　3. 命令法
非定形：1. 不定詞……単純形，複合形
　　　　2. 現在分詞…単純形，複合形
　　　　3. 過去分詞…男性単数形，男性複数形，女性単数形，女性複数形
```

---

[1]　接続法過去形，過去完了形には，ra形・se形という2つの形態がある。その機能分担については，福嶌（2015c, 2017）を参照。

定形は，一般に直説法，接続法，命令法の3つの叙法（ムード）に分けられる。直説法と接続法では，主語の人称（1～3人称）・数（単数・複数）に応じて1つの時制に6つの形がある。命令法は2人称単数・複数の2つの形がある。非定形は人称による変化を欠く。

　この体系の中で特に複雑な機能分担をしているのが，直説法と接続法である。ともに時制，人称，数の変化を有し，よく似た統語環境に現れることも多い。その使い分けの原理については，従来よりさまざまな説明が試みられてきた。本書では，この問題について筆者なりの提案を行うことを目的とする。

　スペイン語の叙法（ムード）を論じるに当たり，日本語のモダリティに関する諸研究の成果を援用する。次の章で述べるように，ムードとモダリティは密接に関係する概念である。周知のように，日本語学ではモダリティの分析が非常に進んでおり，その発想や分析方法は，スペイン語の叙法の研究に新鮮な視点を提供することになると考える。

　本書は，本章と結論の章を含めて12の章から成る。第2章では，直説法と接続法の機能に関する従来の諸説を検討する。第3章では，この問題の解決に日本語学の成果を援用することの可能性を探る。第4章では，本書の仮説を提案し，叙法の基本的な用法に仮説が問題なく適用されることを示す。第5～11章では，他の諸説では説明の困難な接続法の用法が，本書の仮説によって処理できることを示し，かつ仮説を支持する言語現象を紹介する。第5～8章は名詞節，第9章は名詞修飾節，第10～11章は副詞節に関する議論である。以上の議論をまとめた第12章をもって本書は結ばれる。

1.2　直説法と接続法

　本論に入る前に，直説法と接続法とはどんな言語形式なのかを，例を挙げて簡単に説明する[2]。

---

[2] 例文中の叙法識別ならびに語釈に用いた略記はviiページの凡例を参照のこと。

1.2 直説法と接続法

(1) 独立文[3]
    a. Pedro {**canta** / **cante*}.
        ペドロ　歌う（直現3単）/（接現3単）
        （ペドロは歌う。）

    b. Tal vez Pedro {**canta** / *cante*}.
        多分　ペドロ　歌う（直現3単）/（接現3単）
        （多分ペドロは {歌うだろう / 歌うのではないだろうか}。）

(2) 名詞節，名詞修飾節
    a. Creo que Pedro {**canta** / **cante*}.
        思う（直現1単）接続 ペドロ　歌う（直現3単）/（接現3単）
        （私はペドロが歌うと思う。）

    b. Quiero que Pedro {**canta* / *cante*}.
        欲する（直現1単）接続 ペドロ　歌う（直現3単）/（接現3単）
        （私はペドロに歌ってほしい。）

    c. Tengo la certeza de que Pedro {**canta** / **cante*} bien.
        持つ（直現1単）定 確かさ ～の 接続 ペドロ　歌う（直現3単）/（接現3単）上手に
        （ペドロが上手に歌うと私は確信している。）

(3) 関係節
    a. Tengo un pájaro que {**canta** / **cante*} bien.
        持つ（直現1単）不定 鳥　関 歌う（直現3単）/（接現3単）上手に
        （私は上手に歌う鳥を飼っている。）

    b. Busco un pájaro que {**canta** / *cante*} bien.
        探す（直現1単）不定 鳥　関 歌う（直現3単）/（接現3単）上手に
        （私は上手に歌う {ある鳥 /（任意の）鳥} を探している。）

---

[3] 本書では，従属節以外の主述構造，すなわち，単文，複文の主節，等位節，並列節を独立文と呼ぶことにする。

(4) 副詞節

　a.　Llamaré　a　Pedro　para　que {***canta** / *cante*}.
　　　呼ぶ(直未1単)　～を　ペドロ　～のために　接続　歌う(直現3単) / (接現3単)
　　　(ペドロに歌ってもらうために，私は彼を呼ぼう。)

　b.　Aunque　Pedro　no {**canta** / *cante*}　bien, no importa.
　　　～であっても　ペドロ　否　歌う(直現3単) / (接現3単)　上手に　否　問題である(直現3単)
　　　({ペドロは歌が上手ではないが / たとえペドロが歌が上手でなくても} 構わない。)

(5) 条件節

　a.　Si　Pedro {**canta** / **cante*}　bien, le llamaré.
　　　もし　ペドロ　歌う(直現3単) / (接現3単)　上手に　彼を　呼ぶ(直未1単)
　　　(もしペドロが歌が上手なら，私は彼を呼ぼう。)

　b.　Si　Pedro {**cante* / *cantara*}　bien, le llamaría.
　　　もし　ペドロ　歌う(接現3単) / (接過3単)　上手に　彼を　呼ぶ(直過未1単)
　　　(もしペドロが歌が上手だったとすれば，私は彼を呼ぶのだが。)

　以上のように，直説法と接続法は独立文およびさまざまな従属節に用いられ，統語環境の中には，一方のみを許すものもあれば，双方を認めるものもある。(1a) が示すように，一般に独立文の平叙文では直説法のみが許されるが，(1b) のように，ある種の要素が前置されると接続法も使われる場合がある。(1b) に直説法 canta を用いると疑惑の程度が弱く，接続法 cante を用いると疑惑の程度が強くなる。

　(2a, b) は名詞節，(2c) は certeza (確かさ) という名詞を先行詞とする名詞修飾節の事例である。(2a, c) では直説法のみが，(2b) では接続法のみが許される。両叙法が使われる名詞節，名詞修飾節もある。この点については本論で詳しく論じることになる。

　(3a) では直説法のみが可能だが，(3b) では接続法も使うことができて，関係節の先行詞が特定の対象である (直説法) か，不特定の対象である (接続

法)かを区別することができる。

　(4a)では接続法のみ可能だが，(4b)では直説法も用いられ，副詞節の内容が事実(直説法)か，仮定(接続法)かの違いが示される。

　最後に，(5a)のような現在の単純条件を表す条件節には，直説法が用いられ，(5b)のような過去の事実に反する条件を表す条件節には，接続法が用いられる。ただしこの場合，接続法は過去形でなくてはならず，現在形が許されない点が他の副詞節とは異なる。

第2章

叙法の機能に関する従来の諸説

2.1 統語面からの規定

　直説法と接続法の使い分けの原理や，接続法の機能については，非常に多くの研究がなされてきた[4]。本章では，その主なものを概観しよう[5]。

　第1に，両叙法の特徴を統語面から捉えようとするのか，意味機能や情報構造で規定しようとするのかで立場が分かれる。以下では，前者を「統語面からの規定」，後者を「意味面からの規定」と呼ぶ。

　第2に，叙法の諸用法を1つの原理に収束させうると見るか，それとも相容れない複数の機能が単一の形態に託されていると考えるかという観点の違いが認められる。以下では，前者の立場を一元論，後者の立場を多元論と呼ぶことにする。

　まず，統語的側面から叙法，特に接続法を規定しようとする見地がある[6]。ラテン語文法の伝統に端を発する捉え方であり，最古のスペイン語文法書で

---

[4] 学説史については Navas Ruiz (1986: 115–154, 1990)，Zamorano Aguilar (2001, 2005)，Bosque (1990, 2012)，Busch (2017) などの研究がある。

[5] 詳しくは福嶌 (1976, 1977a, 1986, 2006, 2010, 2011a, 2011b, 2018b) を参照。

[6] 一方，直説法は，意味的側面から捉えられることが多い。Nebrija (1492: III, 10, Nebrija, 中岡・訳 1996: 109) は「今行われていることを明示するための叙法」，RAE (Real Academia Española, スペイン王立学士院) (1771: 61, 福嶌 2011b: 8) は「事柄を単純に指示または表明する」叙法としている。

ある Nebrija（1492: III, 10; 1980: 185, Nebrija, 中岡・訳 1996: 109）も，これに拠って，接続法を，その名 modo subjuntivo（下に接続する叙法）が示すとおり，従属節に現れるのをもっぱらとする形態だと説く[7]。

RAE の文法書も，初版（1771）から 1931 年の版に至るまで，基本的には接続法を統語面から規定している。すなわち，「文意を完成させる顕在または潜在する他の動詞とともに用いられる」（RAE 1771: 61–62, 福嶌 2011b: 8）のように，単独では文を成立させられない形態だというのである。

19 世紀の南米の文法研究者 Bello（1847: §450, 455）は，顕在または潜在する主節中の要素が従属動詞を支配（régimen）するとき，たとえば肯定形の saber（知る）と共起しうる形態を直説法，desear（望む）と共起しうる形態を接続法と規定する。

(6) a.　Sé　　　　　que tus intereses {**prosperan**　／*****prosperen*****}.
　　　　知る（直現1単）接続 君の 利益　　　 栄える（直現3複）／ （接現3複）
　　　（私は，君が大きな利益を得ているのを知っている。）
　　b.　Deseo　　 que {*****estudias*****　　 ／*estudies*} el Derecho.
　　　　望む（直現1単）接続　　勉強する（直現2単）／（接現2単）定 法律
　　　（私は，君が法律を勉強することを望んでいる。）

初期の生成文法に基づく分析では，接続法を形式面から捉える発想が見られた。たとえば Hadlich（1971: 187）は，語彙目録で［+T subjunct］という素性が指定されている動詞は，従属動詞を接続法化させる変形を引き起こす，と説いた[8]。

---

[7] ただし Nebrija はラテン語文法の伝統に則り，接続法とは別に「希求法（modo optativo）」を設けていた。だが当時のスペイン語では接続法と希求法の形態的差異は存在しないため，Nebrija の区分では 1 つの形態が両叙法にまたがるなどの処置がとられている。このことを考慮すれば，Nebrija の規定は，接続法のうち，希求的用法のもの（希求法）を「願望を表す叙法」，従属的用法のものを「従属を表す叙法」と，2 つの観点から捉えていたと言えるかもしれない。なお，希求法と接続法を区別する記述法は，16〜18 世紀にいわゆる南蛮人宣教師が編んだ日本語文法書にも受け継がれている。福嶌（2015a）を参照。

[8] なお，語彙論的立場の生成文法家 Manteca Alonso-Cortés（1981）は，叙法の意味的差異を変形で処理することを厳しく戒めるものの，具体的な代案は示していない。福嶌（1983）

高垣（1982, 1984）は，直説法を「独立（independency）」の叙法，接続法を「従属（subordinance）」の叙法と規定した．接続法が単文で用いられる場合には，潜在主節を仮定することで対処する．

Bosque & Gutiérrez-Rexach（2008）は，叙法の対立を単純な意味的原理に還元しようとする試みは困難であるから，それよりも，どのような統語環境に接続法が現れるのかを追究すべきであると主張する．彼らは，文構造に「叙法句（sintagma modal）」という範疇を設け，叙法の決定はこれによって行われると考える．この主張は，翌年刊行された RAE & ASALE（Asociación de Academias de la Lengua Española, スペイン語学士院連盟）（2009: §10.5）に引き継がれる．

RAE & ASALE（2009: §25）は，叙法導入辞（inductor modal）という概念を用いて叙法の働きを説明する．この見地は，本書の仮説の骨子の1つとなるので，やや詳しく紹介する．

直説法は，単文では叙法導入辞から独立しているが，従属節では叙法導入辞によって導入されることが多い．接続法は，単文のごく限られた用法を除いて，何らかの叙法導入辞によって導入される．叙法導入辞になりうるのは，① 動詞，形容詞，名詞，副詞，前置詞，句，② 否定，疑問などの文モダリティなどである．この説明を実例に適用すると，次の（7）のようになる．（7b, c, d, e, f, g, i, j, k）は第 1 章で挙げた例文（1）〜（5）と同じものであり，（7a, h）は追加の例文である．

(7) a.　{**Debería**　　　　　　　／*Debiera*} 　estar　 allí　a las ocho.
　　　　　〜ねばならない（直過未 1, 3 単）/（接過 1, 3 単）いる（不）そこ 8 時に
　　　　（私（彼・彼女）はそこに 8 時にいなければならないのだが．）
　　　　（法動詞の接続法過去形は，直説法過去未来形と近似した婉曲用法を持ち，単文で用いることができる．）

　　b.　Tal vez Pedro {**canta**　　／*cante*}．(＝(1b))
　　　　多分　　ペドロ　歌う（直現 3 単）/（接現 3 単）

を参照．

（多分ペドロは {歌うだろう / 歌うのではないだろうか}。）
（直説法 canta は叙法導入辞なしで用いられている。接続法 cante は否定導入辞である副詞 tal vez（多分）に導かれる。）

c. Creo que Pedro {**canta** / **cante*}. (= (2a))
思う（直現1単）接続 ペドロ 歌う（直現3単）/ （接現3単）

（私はペドロが歌うと思う。）
（叙法導入辞 creer（思う）は肯定形のとき，直説法を導入する。）

d. Quiero que Pedro {**canta* / *cante*}. (= (2b))
欲する（直現1単）接続 ペドロ 歌う（直現3単）/ （接現3単）

（私はペドロに歌ってほしい。）
（叙法導入辞 querer（欲する）は接続法を導入する。）

e. Tengo la certeza de que Pedro {**canta** / **cante*} bien. (= (2c))
持つ（直現1単）定 確かさ 〜の 接続 ペドロ 歌う（直現3単）/ （接現3単） 上手に

（ペドロが上手に歌うと私は確信している。）
（叙法導入辞 certeza（確かさ）は肯定形のとき，直説法を導入する。）

f. Tengo un pájaro que {**canta** / **cante*} bien. (= (3a))
持つ（直現1単）不定 鳥 関 歌う（直現3単）/ （接現3単）上手に

（私は上手に歌う鳥を飼っている。）
（直説法は独立して使用される。叙法導入辞がないので接続法は導入されない。）

g. Busco un pájaro que {**canta** / *cante*} bien. (= (3b))
探す（直現1単）不定 鳥 関 歌う（直現3単）/ （接現3単）上手に

（私は上手に歌う {ある鳥 /（任意の）鳥} を探している。）
（直説法は独立して使用される。接続法は叙法導入辞 buscar（探す）によって導入される。）

h. No hay otro pájaro que {**canta* / *cante*} tan
否 存在する（直現3単）他の 鳥 関 歌う（直現3単）/（接現3単）それほど

bien.
上手に

(それほど上手に歌う鳥は他にいない。)

(否定の文モダリティが叙法導入辞となって接続法を導く。)

i. Llamaré a Pedro para que {***canta** / *cante*}.
呼ぶ(直未1単) 〜を ペドロ 〜のために 接続 歌う(直現3単) / (接現3単)

(=(4a))

(ペドロに歌ってもらうために，私は彼を呼ぼう。)

(叙法導入辞である前置詞 para (〜のために) が接続法を導く。)

j. Aunque Pedro no {**canta** / *cante*} bien, no
〜であっても ペドロ 否 歌う(直現3単) / (接現3単) 上手に 否

importa. (=(4b))
問題である(直現3単)

({ペドロは歌が上手ではないが / たとえペドロが歌が上手でなくても} 構わない。)

(叙法導入辞である接続詞 aunque (〜であっても) が直説法および接続法を導く。)

k. Si Pedro {**canta** / **cante*} bien, le llamaré. (=(5a))
もし ペドロ 歌う(直現3単) / (接現3単) 上手に 彼を 呼ぶ(直未1単)

(もしペドロが歌が上手なら，私は彼を呼ぼう。)

(叙法導入辞である接続詞 si (もし〜なら) が直説法および接続法を導く。)

　ここまで，統語面から叙法を捉えようとする見地を，Nebrija (1492) から RAE & ASALE (2009) に至るまで概観し，次のことを確認した。第1に，どの説も接続法を「従属」の叙法と見なす点で共通していた。第2に，直説法は，その対立項として「独立」の叙法だということを積極的に説く立場もあれば，「直接に指し示す」叙法という，意味的な側面を挙げる立場もあった[9]。

---

[9] なお，出口 (1983) のように，接続法と従属節の間には統計的には有意の相関は認められないとする意見もある。

2.2 意味面からの規定

では、叙法の働きを意味的または情報構造的側面から理解しようとする立場の検討に移ろう。その学説は、叙法が表す意味によって次のように大別することができる。

(表2) 叙法の意味的働きに関する諸説

	直説法	接続法
1.	現実	非現実
2.	現実	願望、疑惑
3.	客観性	主観性
4.	断定	非断定(断定保留)
5.	主張	無主張
6.	主たる情報	副次的情報
7.	(その他)	

2.2.1 「現実」対「非現実」

まず、ここで言う「非現実」とは、「話者、または主語となる者が思い描く想念」のことであり、積極的に「現実とは反する事柄」の表現という意味ではない点に注意されたい。さて、両叙法の違いを「現実」「非現実」という概念で捉える文法家としては、Hanssen (1913)、Gili Gaya (1943/1951) などが挙げられる。Hanssenは接続法の基本機能は「頭の中に思い描かれている想念 (imaginación)」であると言う (Hanssen 1913: 384)。Gili Gayaは、「ある事柄が過去、現在、未来のいずれかにおいて現実に起こるものとし、それを肯定または否定する形式」が直説法であるとする。一方、「ある事柄を単に頭の中で思い描くに過ぎず、それが現実として起こるか否かについては関知しない形式」が接続法だとする (Gili Gaya 1943/1951: §106)。

RAE (1973) の叙法の項は Gili Gaya が担当したため、その叙法論をほぼ踏襲している。そして直説法を「現実 (realidad)」を表す無標の叙法、接続法を「非現実 (no relaidad)」を表す有標の叙法と規定する (RAE 1973: 454)。すなわち、接続法は「非現実」を積極的に示すのに対し、直説法は「現実」

でない事柄も表しうる，というのである．

　RAEの文法書として編まれたAlarcos (1994: 154) は，直説法は「非虚構 (no ficción)」を表し，接続法は「虚構 (ficción)」を表すと説いた．接続法の働きを基点にした命名であるが，言わんとするところは，「現実」「非現実」にほぼ相当する．

2.2.2　「現実」対「願望，疑惑」

　Lenz (1920) は，人間の判断を3種に分類し，その1つである「断定の判断 (juicio asertivo)」を直説法が表し，第2の「疑惑の判断 (juicio problemático)」と第3の「必然の判断 (juicio apodíctico)」を接続法が表すと主張した (Lenz 1920: §285)．このように，接続法の働きをまず2つに分ける発想は，たとえばLozano (1972) にも見られ，後述するBolinger (1974, 1976) と，接続法を二元論で捉えるか，一元論で捉えるかという論争が行われた．

2.2.3　「客観性」対「主観性」

　直説法を「客観的な事実を表す叙法」，接続法を「主観的な事柄を表す叙法」と見なす研究者もいる．R.Seco (1954: 60) は直説法は事柄を「完全に客観的な方法 (modo absolutamente objetivo)」で表し，接続法は事柄を「純然たる主観的な方法 (modo puramente subjetivo)」で表すと述べる．Criado de Val (1962: 117) は，スペイン語の接続法はフランス語のそれに比べて「主観性 (subjetividad)」が大きく関与していると説く．Coste 他 (1965: 435) は，直説法を「客観性 (objectivité)」の叙法，接続法を「主観性 (subjectivité)」もしくは「可能性 (éventualité)」の叙法とする．Bolinger (1976: 43) は，直説法を「理知 (intelligence)」を運ぶ叙法，接続法を情報に対する話し手の「態度 (attitude)」を示す叙法と見なしている．

　近年ではVeiga(2006)がこの立場を採っている．Veigaは，「客観(objetivo)」，「主観 (subjetivo)」，「不・非現実 (no irreal)」，「不・不確実 (no incierto)」という素性を用いて，定形の動詞形態を分類する．それによれば，直説法の形態はすべて「客観」の素性を有し，接続法の形態はすべて「主観」の素性を

有している (Veiga 2006: 120)。

2.2.4 「断定」対「断定保留」

　Togeby (1953: 118) は，直説法を「断定 (affirmation)」の叙法，接続法を「断定の中止 (suspension d'affirmation)」の叙法と捉えた。すなわち，接続法は，仮定や疑惑といった具体的な意味ではなく，内容が事実であるとの断定を下さない段階を示すというのである。

　寺﨑 (1998: 28–29) は「接続法は，典型的には叙述内容が真であるか否かの判断を留保して仮想的なこと，想定されたこととして述べる叙法である」としている。また，和佐 (2005) の見解も，この型の１つと見ることができる。和佐 (2005) は，日本語との対照研究を行った結果，スペイン語の接続法は「命題に対する真偽判断を差し控えるモダリティを表すと言う本質的意味を持つ」との結論に至った。

2.2.5 「主張」対「無主張」

　ある事柄を事実であると「断定」することと，それを聞き手にむかって「主張」することを区別し，「主張」の有無により直説法，接続法の働きを理解しようとする立場もある。

　Terrell & Hooper (1974: 484) は，ある事柄が真であると話者が信じ，それを主張することを「主張 (assertion)」と呼ぶ。一方，話し手がある事柄を真だとの「前提 (presupposition)」を行うが，それを主張しない場合があると考える。そして，直説法は主張を表し，接続法は主張を表さないと説く。

　第 2.2.1 項で見た接続法が「非現実」を表すと見なす説にとっては，次のような事例は反例となるが，Terrell & Hooper の説にとっては問題とならない。すなわち，「マリアが時間内に終えたこと」は現実ではあるが，話し手はそれを聞き手にむかって主張しようとしているのではなく，その現実を前提に，「私はそれを喜んでいる」ことを伝えることを意図している，と考えるのである。

(8)　Me alegro　　de　que María ***haya podido***　　terminar　a tiempo.
　　　喜ぶ(直現1単)　〜を　接続　マリア　〜できる(接現完3単)　終える(不)　時間内に
　　　(私はマリアが時間内に終えたことを喜んでいる。)
(Terrell & Hooper 1974: 487)

　この考え方は，RAEが企画した浩瀚な記述文法書Bosque & Demonte編(1999)に受け継がれ，第49章「叙法とモダリティ。名詞節中の叙法」および第50章「関係節・副詞節中の叙法」では，直説法を「主張（aserción）」を表す叙法，接続法を「無主張（no aserción）」を表す叙法と見なした[10]。

2.2.6　「主たる情報」対「副次的情報」

　直説法と接続法の対立を「主張」対「無主張」という概念で捉える立場の下位区分として，語用論的・情報機能的側面を強調する見地が存在する。Haverkate (2002) は直説法を「高い情報価（high information value）」を持つ叙法，接続法を「低い情報価（low information value）」を持つ叙法と見なす。

　Ahern (2008: 21–22) は，まず，接続法の働きを「文・節を無主張的に表す（expresar la oración de manera no asertiva）」ことだと規定し，その内容を「生起するかもしれない事柄（una situación potencial, una posibilidad）」と「話し手と聞き手の間で既知と見なされる事柄（una situación ya conocida por los interlocutores）」とに分ける。Ahernの特徴は，後者，すなわち既知情報を表す機能を接続法の主たる働きと見なす点である。

(9)　A:　—Te　quiero,　　　Juan.
　　　　　君を　愛する(直現1単)　フアン
　　　B:　—Aunque　me ***quieras***,　　tengo que　　　marcharme
　　　　　〜であろうと　私を　愛する(接現2単)　〜ねばならない(直現1単)　行く(不)

---

[10]　なお，De Bryune (1989/1998: 483) は，直説法，接続法の規定に「主張を帯びた状態（assertion assumée）」の叙法か，「主張を帯びない状態（assertion non assumée）」の叙法かという術語を使っているが，これはむしろ「客観性・主観性」の概念に近い。

al　　extranjero.
　　　〜に　外国

（「フアン，私，あなたが好きよ」「君がぼくを好きであっても，ぼくは外国に行かなければならない」）　　　　　　（Ahern 2008: 73）

　たとえば，(9) では，「AがBを愛している」ことは最初の発話によって既知情報となったので，Bはそれを接続法で表している，というのである。
　Gregory & Lunn (2012) も，接続法を「情報の質 (information quality)」が低いことを表す叙法であると捉え，この観点を教育にもっと採り入れるべきであると訴える。

2.2.7　その他

　叙法の対立を意味的原理に還元しようとする提案は，他にもある。第1に，叙法の時間性，抽象性に注視する立場がある。Bull (1965: 182) は，直説法を「経験 (experience)」の叙法，接続法を「予期 (anticipation)」の叙法と見なす。前者は話し手が経験的知識として捉えることのできる事柄，後者はそれができない事柄を指す。Hummel (2004) は，直説法を「存在 (exixtencia)」の叙法，接続法を「できごとの生起する前段階の様相に焦点を当てること (focalización de la incidencia del evento)」を本義とする叙法であると説く。
　第2に，否定と接続法の関連を重視する立場がある。出口 (1981) は，「命題真理の主張に話者（主語）が与みしない事実」などを「陰否性」と名づけ，接続法の選択には，主として陰否性と，意志行為性が関わっていると主張する。
　第3に，Gregory (2001)，和佐 (2009, 2014, 2016) のような，認知言語学的観点からの提案もある。
　ここまで，意味面から叙法を捉えようとする諸説を概観し，次のことを確認した。第1に，叙法の対立は長らく「現実」対「非現実」，または「客観性」対「主観性」として理解されてきた。第2に，この定説の難点を克服するため，さまざまな提案がなされ，中でも「主張」対「無主張」という捉

え方が多くの支持を得て，精緻化され，改良が加えられてきた。

2.3　一元論・二元論・多元論，有標・無標

　ここまでで紹介した見解の多くは，直説法，接続法の機能はそれぞれ単一の原理に収束しうるという，一元論に基づくものだった。しかし中には，Lenz (1920)，Lozano (1972)，出口 (1981) のように，接続法に 2 種の相異なる機能を認める，二元論を採る研究者もいることが確認された。

　さらに，接続法はもっと多くの異質の機能を担っていると見る多元論も提唱されている。Ramsey (1898)，Kleiman (1974)，Bell (1980)，Borrego 他 (1986)，出口 (1997)，Butt & Benjamin (2011) らがこれに属する[11]。出口 (1997: 116) は，「叙法対立は，なんらかの単一基準の適用によってではなく，いくつかの文法形式や語彙と絡み合った複数個の『意味単位』の走査によってなされる可能性があるように思われる」と述べる。Butt & Benjamin (2011: 241) は，「スペイン語の文法書，入門書は，接続法には『疑惑』や『不確かさ』といった意味があると説くが，これが接続法の理解を妨げる一因となっている。これが当てはまる場合はまれであり，積極的にそう主張することは誤解を生む。より良い習得法は，接続法が『いつ』使われるかを知ることであって，接続法が『なぜ』使われるか，何を『意味する』かではない」と述べる。

　また，RAE & ASALE (2009) は，先述のとおり，叙法導入辞が叙法を導くという説明方法を採るが，その前提として次のように，意味的には多元論的な観点に基づいている。「叙法は，発話内的意味，特定性，否定のスコープ・焦点，支配など異質な文法現象と関与している」(§25.1.i)，「現時点では意味に基づく一元論が確立されているとは言えない」(§25.1.n)。

---

[11]　出口 (1981) は先述のとおり二元論を採るが，出口 (1997) では多元論に傾いている。また，Borrego 他 (1986) は，「接続法は 77 個の規則によって導入される」という，明快な多元論の立場を採る。この書物と同じく学習書として編まれた Fente, Fernández & Feijóo (1972)，Fernández Álvarez (1984)，Martinell (1985)，Navas Ruiz (1986)，Porto Dapena (1991)，Sastre (1997)，Hernández (2016) などは，一元論に立つのか二元論または多元論に立つのかには特に触れていない。

叙法を論じるに際し，原理の数の問題の他に，2つの叙法の一方を有標と見るか否かという論点が存在する。多くの研究者は，直説法を無標，接続法を有標と見なしていると思われる。この点に明確に触れているのは，Pottier (1972)，RAE (1973)，寺﨑 (1998) などである。

Pottier (1972: 155) は，接続法は「基本的には直説法の拒絶である (essentiellement un refus de l'indicatif)」と述べ，前者があって初めて後者が成り立つという見方を示している。RAE (1973: §3.13.1b) は，直説法は「あらゆる言語に存在する習慣的で特異性のない表現形式 (forma habitual e indiferenciada de expresión que se halla en todas las lenguas)」だが，接続法は「他と区別される有標の要素 (miembro marcado diferenciador)」だとしている。寺﨑 (1998: 28) は，「直説法は無標 (一般的で基本的な項) の範疇」であり，接続法は「有標 (一般的ではない，より特殊な項) の範疇である」と述べている。

しかし中には，この考え方に疑義を抱く研究者もいる。出口 (1997: 111–112) は，次のように述べている。「法の選択にかかわる諸要因を突き止めるさいに，注意を要する点の1つに，『接続法』を特殊なカテゴリー，『直説法』は"残りのその他の場合"あるいは"無色透明な"特別な意味を含まないものと決めつける態度である。前者を有標値とする慣例が広く行われているけれども，a priori にこのような前提は成り立たないかもしれず，ある種の用法では，『直説法』に積極的な価値が付与されていて，『接続法』が法的に無色ということもあり得る」。

2.4 まとめ

本章で行った従来の研究の概観によって，叙法の機能について何らかの意見を唱える場合に決定しておかねばならない問題には，以下のようなものがあることが明らかになった。

(表 3) 叙法の働きを考えるうえでの留意点

a. 叙法を統語面から規定するか，意味面から規定するか。
b. 叙法はそれ自体が意味を持つか，それとも意味を担うのは別の言語要素で，叙法はそれと呼応しているに過ぎないのか。
c. 叙法の原理を一元論，二元論，多元論のいずれで捉えようとするか。
d. 両叙法の間に，有標・無標の区別を行うか。

叙法の機能について新たな提案を行う際には，これらの問題は必ず考慮されなければならないであろう。

第3章

スペイン語と日本語のモダリティ

3.1　スペイン語のモダリティ[12]

　本章では，日本語学において高度に発達を遂げたモダリティ研究の成果を援用することができないか，考えてみたい。そのため，モダリティという概念がスペイン語学と日本語学でどのように捉えられてきたかを，まず考察し，さらに，両言語のモダリティの対照研究の成果を振り返る。

　スペイン語学でモダリティの概念に最も早く言及した研究書の1つはRAE (1973) であろう。同書では，Bally (1932) の学説に基づき，文を「表現される内容」と「それを話し手の心的態度との関係でいかに表すか」という部分に分け，前者を「事理（dictum）」，後者を「様態（modus）」と呼ぶ（RAE 1973: 454）。この「様態」には，モダリティの概念と近似する部分がある[13]。

　その後，Otaola (1988)，Jiménez Juliá (1989)，Igualada (1990) が「モダリティ（modalidad）」について論じた。これらは共通して，文や節が表す事柄をモダリティが包み込むという見地を是とし，モダリティを発話行為に関するもの（平叙，疑問，命令）と，発話内容に関するもの（Otaola (1988) は論理，

---

[12]　第3.1〜3.2節は，福嶌 (1991, 2013b, 2014) に基づいている。

[13]　ただしBallyは「様態」を，たとえば「主語+『信じる，喜ぶ，願う』などの動詞」の総体と見なしており，後述する国語学の「陳述」や日本語学の「モダリティ」とは必ずしも一致しない（Bally 1932/ 小林・訳 1970: 28）。

評価,Jiménez Juliá (1989) は断定,蓋然性,主観性,確実性) に大別する。

Bosque & Demonte 編 (1999: 3211) は,「言語モダリティ (modalidad lingüística)」を「形作られる命題の内容の真偽についての,または発話内容に対する参加者たちの態度についての,話し手のさまざまな立場による発話の諸相」と定義し,以下の下位区分を行う。① 発話行為,または発話内容のモダリティ。② 認識,または義務モダリティ。

Grande (2002) は次のような例を挙げて,発話行為のモダリティの中に,複数個の発話内容のモダリティが包まれる場合があることを示している。

(10)　[Es　　　　　posible [que *sea*　　　　lamentable [que
　　　〜である (直現 3 単) 可能な　接続　〜である (接現 3 単) 残念な　　接続
　　　Pedro *tenga* que　　　　　[marcharse]]]].
　　　ペドロ 〜ねばならない (接現 3 単)　立ち去る (不)
　　　(ペドロが立ち去らねばならないことは残念であるかもしれない。)
　　　　　　　　　　　　　　　　　　　　　　　　(Grande 2002: 58)

RAE & ASALE (2009: 3114) は,モダリティを「伝達内容に関する話し手の態度の言語的表明」と規定し,「発話態度のモダリティ」を,平叙,疑問,感嘆,命令の各モダリティに区分する。

以上のように,スペイン語学では,一般に,モダリティは平叙,疑問,命令といった文の種類と関連づけて論じられ,また「発話行為のモダリティ」と「発話内容のモダリティ」の区分に言及されることが多い。前者が後者を内包するという Grande (2002) の主張は注目すべきである。モダリティと叙法の関係については,たとえば「叙法はモダリティの表出の1つである」(RAE & ASALE 2009: 1866) といった言及はあるが,詳しい関連には立ち入ろうとしていない。

3.2　日本語のモダリティ

国語学,日本語学では,陳述,モダリティの概念をめぐって,数多くの研

究が行われてきた．陳述研究の嚆矢とされるのが，山田 (1936) である．山田は「主位の観念と賓位の観念との二者の関係を明かにすること」を「陳述をなす」と表現する．そして陳述は，たとえば次の文における「咲く」のように，述語に存すると考えた (山田 1936: 677–688)．Narrog (2010) によれば，この着想は，イギリスの Henry Sweet の predication，ドイツの Wilhelm Wundt の Ausagge (satz)，同じくドイツの Johann Christian August Heyse の Aussage という概念を参考にしたと言う．

(11)　花が [咲く _{陳述}]

　時枝 (1950) は，概念作用による事柄の客体化の表現である「詞」と，主体的表現である「辞」を区別し，陳述は後者によって表されると説く．従って次の (12a) のような場合には，「辞」である助動詞の部分に陳述が存在し，(12b) のように，述語に「詞」に当たる語がない場合には，「零記号の陳述」を認めるべきだと言う (時枝 1950: 256–261)．

(12) a.　[朝晩は冷え_詞] ます_辞]
　　 b.　[[花が咲く_詞] φ _辞]

　渡辺 (1953) は，終助詞によって代表される「言語者をめあての主体的なはたらきかけ」を「陳述」と呼ぶ．これは，終助詞を除いた述語部分の「思想や事柄の内容を描き上げようとする話手のいとなみ」(これを「叙述」と呼ぶ) とは区別される．そして次の例のように，文は素材に陳述が結合して成立すると考える (渡辺 1971: 第 1〜3 節)．

(13)　[[[[桜の花 _{素材}] が _{素材：展叙}] 咲く _{素材：叙述}] よ _{陳述}]

　　　　　　　　　　　　　　　(渡辺 1971: 66 を簡略化して表示)

　芳賀 (1954) は，陳述は 2 種類に分けるべきだと言う．第 1 は「事柄の内容についての，話手の態度の言い定め」であり，これを「述定」と呼ぶ．第

2は「事柄の内容や，話手の態度を，聞手にむかってもちかけ，伝達する言語表示」であり，これを「伝達」と名づける。

(14) [[[雨が降る 叙述]だろう 陳述1:述定]ね 陳述2:伝達]

(芳賀 1954; 1978: 299 の事例に筆者が加筆)

南（1974）は，従属句の中に「ことがら的世界から陳述的世界への間の段階」(p. 133) が認められることに着目し，従属句を文らしさの度合に応じてA〜Cの3階層に分類する。次の（15a〜c）がその例である。また，(15d) のように従属句に収まらない要素はD類とする。

(15) a.　A類：ながら（継続），つつ　　　　　　　　　　ことがら的
　　 b.　B類：ながら（逆接），ので，たら　｜従属句
　　 c.　C類：が，から，けれど
　　 d.　D類：呼びかけ，終助詞　　　　　　　　　　　　陳述的

国語学では，このようにして陳述という概念の規定が精緻化し，それを担う言語形式のありかが極限されている。その後発達した日本語学でも，文を素材的成分と陳述的成分とに分けて考える見地が広い支持を集め，後者をモダリティ，場合によってはムードという術語で呼ぶことが一般的になった。

たとえば寺村（1984: 12）は，「現実のいろいろな場で，話し手が，コトを相手の前にもち出すもち出し方，態度を表す部分」を「ムード」と名づけ，文は，次の例のようにコトをムードが包んで構成されると説く (p. 222)。

(16) [[[[子どもが生まれ コト] た ムード1] のだ ムード2] そうだ ムード3]

一方，益岡（1991）は，ムードという術語を「動詞類の屈折体系に係わる法範疇の1つ」という意味で，個別言語に関する概念として使用し，モダリティとは区別する。モダリティは「判断し，表現する主体に直接係わる事柄を表す形式」という，一般性の高い概念である (pp. 29–30)。同書では，

文は命題とモダリティの総体と見なされ，後者は「表現系モダリティ」「判断系 1 次的モダリティ」「判断系 2 次的モダリティ」に分けられる。この 3 種は各々 3 種類，4 種類のモダリティに下位区分される。

　その後，益岡はこの主張に改良を加え，2007 年には，主観性とモダリティを安易に結びつけぬよう留意しつつ，日本語のモダリティのカテゴリーについて次のような見解に達した。(17a, b) はモダリティの分類，(17c) は文の意味的階層構造の例である (pp. 5, 7. M1：判断のモダリティ，M2：発話のモダリティ，P1：一般事態，P2：個別事態の各領域を指す)。

(17) a. 　判断のモダリティ：真偽判断のモダリティ，価値判断のモダリティ
　　 b. 　発話のモダリティ：発話類型のモダリティ，対話のモダリティ（後者を丁寧さのモダリティと発話態度のモダリティに下位区分）
　　 c. 　[ねえ$_{M2}$[どうやら$_{M1}$[昨夜$_{P2}$[激しく雪が降る$_{P1}$]た$_{P2}$]ようだ$_{M1}$]よ$_{M2}$]

　このように，国語学では機能も所在も限定して捉えられた陳述は，日本語学ではモダリティの名で換骨奪胎して，そのありかが助動詞・終助詞部分へと拡張され，その働きも一層精密に分類されることになった。

　ただし，この分析の前提となる「命題をモダリティで包んだものが文である」という考え方に対して疑義を呈する尾上 (1996, 2014)，Narrog (2009, 2014) のような研究者もいる。この見地では，モダリティは主観性や話し手の態度ではなく，事態の事実性に関する概念と見なされる。

3.3　スペイン語と日本語のモダリティの対照研究

　「モダリティの対照」という課題を設けた場合，一般的な手法は，モダリティと関連の深い形式を両言語から選び出し，その共通点と相違点を検討するという，直接的なものであろう。このいわば「狭義の対照研究」に属するものとしては，本田 (1985)，上田 (2002)，野田 (2000)，和佐 (2001) などが挙げられる。第 1 と第 2 の論考は，スペイン語の視点を利用して，日本語の表現方法の再検討を迫るものである。第 3 と第 4 の論考は，日本語のモ

ダリティ形式を発想の基軸として，それに対応する形式がスペイン語に存在するかどうかを調べたものである。

　以上のような言語現象そのものを比べる対照研究とは別に，ある言語の分析から得られた成果を，他の言語の分析に援用するという，いわば「広義の対照研究」が存在する[14]。筆者の研究や和佐の一連の研究がこれに属する。筆者は，スペイン語の叙法の分析に，国語学・日本語学で発展した「陳述」，「モダリティ」の概念を利用する可能性を探ってきた（福嶌 1981, 1990b, 2000b, 2001b, 2002a など）。たとえば，福嶌（1990b）では，直説法・接続法が現れる文を次のように捉えて，「スペイン語の直説法は，陳述，あるいは発話行為のモダリティの高い節に用いられ，接続法は陳述の度合が低い節，換言すれば命題性の高い節に用いられる」という仮説を提出した。

(18) a.　［(Creo)_{陳述性大}　que **viene**　　　María］．
　　　　　　思う（直現1単）接続　来る（直現3単）マリア
　　　（マリアは来る（と思う）。）

　　b.　［_{陳述} Deseo ［_{命題性大}que ***venga***　　　María］．
　　　　　　望む（直現1単）接続　来る（接現3単）マリア
　　　（私はマリアが来ることを望む。）　　　　　　（福嶌 1990b: 169）

　また，福嶌（2000b）では，南（1974）の階層構造モデルを援用して，スペイン語の従属節にも日本語と同様に，文らしさの高いものと，低いものがあることを認め，直説法は前者に用いられ，接続法は後者に用いられると主張した。

　一方，和佐も，日本語学のモダリティ研究の成果を採り入れた研究を数多く発表している（和佐 1999, 2005, 2009, 2014 など）。たとえば次のような例を挙げ，接続法は命題に対する「真偽判断を差し控えるモダリティ

14　この問題について益岡（1990: 72）は，次のように述べている。「『対照研究』の名の下では従来あまり取り上げられることのなかった，もう1つの対照研究があることを忘れてはならない。言語研究の方法の1つとしての対照研究がそれである。これは，いわば，個別言語の研究と言語の普遍的，類型論的研究を橋渡しする役割を担うものである」。

(modalidad epistémica) を常に表す」(和佐 1999: 126) ことが主張される。

(19) a. [真偽判断のモダリティ Es   seguro [真偽判断のモダリティ que
         〜である(直現3単) 確実な   接続

   viene]].
   来る(直現3単)

   (彼(女)が来ることは確かだ。)

   b. [真偽判断のモダリティ Es   probable [真偽判断を差し控えるモダリティ que
         〜である(直現3単) 蓋然性のある   接続

   venga]].
   来る(接現3単)

   (彼(女)は来るかもしれない。)   (和佐 1999: 126)

　筆者は，スペイン語の接続法は内容に関する話者の判断の中止を表すのが，その本質的機能ではないかと考え，Togeby (1953: 16) の説く"suspension d'affirmation"(断定の中止)という術語に共鳴してきた。しかし接続法を命題により近い性格と結びつけて論じるに留めているが，和佐は，一歩進んで，接続法の持つ「真偽判断を差し控える」機能に発話内容のモダリティの一種という明確な位置づけを与えたわけである。

　以上のように，スペイン語，日本語のモダリティに関する研究，および両者を対照させた研究の流れを手短に顧みた結果，次のような課題の存在が明らかになった。

(表4) 叙法の分析にモダリティ，日本語との対照研究を関係づけるうえでの留意点

a. 叙法の分析に，モダリティの概念をどう生かすか。
b. 特に，国語学の「陳述」，日本語学の「モダリティ」の概念を，スペイン語の叙法の分析に生かすことが有用か。

第3章 スペイン語と日本語のモダリティ

　スペイン語の叙法の分析に，日本語学のモダリティの研究成果を援用する際には，これらの項目を，第2章の議論の結果得られた諸問題点とともに念頭に置く必要がある。

第4章

叙法の機能に関する新たな提案

4.1 提案

以上の議論を踏まえ，スペイン語の叙法の機能を少しでも一層正確に捉える説明方法はないかを考えた結果，次のような提案をしてみたい。

〈表5〉提案：スペイン語の叙法の機能分担規則

a.「事実だと断定し，聞き手にむけて主張する」働きをする動詞は，発話レベルにおいて無標の叙法である直説法で表される。
b.「願望」「疑惑」「前提事実」などを表し，「事実だという断定・主張をしない」働きをする叙法導入辞に導かれる動詞は，発話レベルにおいて有標の叙法である接続法で表される。
c. 上記 a, b の下線部は，主に現代スペインのスペイン語で有効である。

以下，この提案について説明する。まず，提案（表 5a）を見る。「『事実だと断定し，聞き手にむけて主張する』働きをする動詞は，発話レベルにおいて無標の叙法である直説法で表される」において，「断定」とは，話し手，または主語に立つ者が，動詞によって表されるある事柄に対して下す判断を指す。すなわち，「事実だと断定する」とは，動詞によって表されるある事柄が，過去・現在・未来のいずれかにおいて現実に生起した，または生起すると判断することを言う。

次に「主張」とは，話し手，または主語に立つ者が，動詞によって表されるある事柄が事実であることを，伝達に値する情報と判断し，これを積極的に伝達することを指す。すなわち，上記提案では，直説法で表される事柄は，「事実だと断定し，かつ，これを有意味な情報として聞き手にむかって主張する」という2つの操作を経て表現されるということになる。

「発話レベルにおいて無標・有標」とは，話し手が実際に発話を行う段階における形式として，無標であるか，有標であるか，の対立を言う。この段階では，特別な事情がなければ，直説法が選ばれる。何らかの条件が接続法を要求するときは，接続法が選ばれる。すなわち，発話レベルにおいては，直説法が無標，接続法が有標の叙法である。

しかし発話を生み出すための過程を考慮する場合は，この限りではない。話し手は抽象的な概念（例（20a））を核にして，関与する者，時間，場所などの要素を加えて，現実世界のできごとを1つの表現にまとめて発話レベルに至る（例（20c））と考えることができる。さて，接続法を用いた形式（例（20b））は，不定詞による（20a）よりは，関与する者が指定されて内容に具体性が増すが，直説法に比べれば時間の指定が不完全であり，抽象性が高い。

(20) a. cantar
　　　　歌う(不)
　　　　（歌うこと）

　　b. que *cante*　　　　Pedro
　　　　接続 歌う(接現3単) ペドロ
　　　　（ペドロが歌うこと）

　　c. Pedro **cantó**　　anoche en　una taberna.
　　　　ペドロ 歌う(直点3単) 昨夜　　〜で 不定 居酒屋
　　　　（ペドロは昨夜，居酒屋で歌った。）

すなわち，接続法は，不定詞と直説法の中間に位置する性質を持つと考えられる。従って，この観点からは，接続法・直説法のいずれが無標で，いずれが有標かということはできない。発話の核となる抽象的な概念と，生み出

された発話のどちらを起点として現象を論じるかにより，無標・有標が反転する。提案（表5）で「発話レベルにおいて無標・有標」と断ったのは，以上のような理由による。

次に，提案（表5b）に移る。（表5b）「『願望』『疑惑』『前提事実』などを表し，『事実だという断定・主張をしない』働きをする叙法導入辞に導かれる動詞は，発話レベルにおいて有標の叙法である接続法で表される」において，「願望」とは，（表6a）のような語・語句に共通する意味を指す。「疑惑」とは，（表6b）のような語・語句に共通する意味を指す。「前提事実」とは，話し手，または主語に立つ者が，ある動詞によって表される事柄を事実であると断定し，かつ，それを前提として，別の何らかの主張を行う場合の事実を指す。すなわち，「前提事実」は，事実であると断定されているが，主張はされていないのである。従属動詞に前提事実を要求する語・語句の例を（表6c）に掲げる。「叙実述語（factive predicate）」と呼ばれる語類に相当する。

（表6）接続法を導く叙法導入辞の例

a. 願望を表す語・語句：desear（願う），querer（欲する），pedir（乞う），permitir（許可する），prohibir（禁じる），necesario（必要な），orden（命令），consejo（助言），intención（意図），para（〜のために），a fin de（〜の目的で），en espera de（〜を期待して），ojalá（願わくば）
b. 疑惑を表す語・語句：dudar（疑う），creer 否定形（思わない），negar（否定する），posible（〜かもしれない），incierto（不確かな），seguro 否定形（確実でない），mentira（うそ），sin（〜なしに），antes（〜する前），tal vez（多分），probablemente（恐らく）
c. 前提事実を表す語・語句：alegrarse（喜ぶ），temer（危惧する），molestar（困らせる），interesar（関心を抱かせる），triste（悲しい），bueno（良い），natural（自然な），lástima（残念なこと），maravilla（すばらしさ），de ahí（それゆえ）

従属節，または同一の節中の動詞の叙法を決定する語・語句を「叙法導入辞」と呼ぶ。（表6）に掲げた語・語句は，叙法導入辞として，従属節，または同一の節中に接続法を導くことができる。接続法は，叙法導入辞に依存し，これによって文中での使用が決定される。

(表6) に掲げた語・語句，すなわち，叙法導入辞は，動詞，形容詞，名詞，副詞・副詞句，接続詞，前置詞・前置詞句など，さまざまな品詞から成っている。(表6a) の群は，もっぱら接続法を導き，直説法を導くことはない[15]。一方，(表6b, c) の群には，条件によっては接続法だけでなく，直説法を導くことがあるものが含まれる。これらの叙法導入辞が直説法を導く場合は，その内容について「事実だと断定し，主張をしている」と考えられるため，(表5b) の規定の対象外となる。

なお，主として直説法を導く叙法導入辞には，次のようなものがある。直説法は，前述のとおり，発話レベルにおいて無標の叙法であり，文中に単独で導入されるが，叙法導入辞による導入も妨げられない。

(表7) 直説法を導く叙法導入辞の例

a. 確実性を表す語・語句：creer (思う)，cierto (確かな)，seguridad (確実性)，prueba (証拠)
b. 平叙の伝達を表す語・語句：decir (言う)，asegurar (確言する)
c. 知覚・知識を表す語・語句：oír (聞く)，saber (知る)，darse cuenta (気づく)，leer (読む)，olvidar (忘れる)，recuerdo (思い出)，noticia (知らせ)
d. 生起を表す語・語句：ocurrir ((できごとが) 起きる)
(a.～d. は，肯定・平叙の節に用いられる場合を原則とする)

最後に，提案 (表5c)「上記 a, b の下線部は，主に現代スペインのスペイン語で有効である」について説明する[16]。(表5a) では直説法を「発話レベルにおいて無標の叙法である」，(表5b) では接続法を「発話レベルにおいて有標の叙法である」と規定した。この箇所に下線部が付されている。この規定

---

[15] ここでは叙法の導入に議論を限定している。これらの語・語句の中に，一定の条件下で不定詞を導くことのできるものがあることは言うまでもない。

(i)　　Quiero　　{a. cantar　／b. que *cantes*}．
　　　　欲する (直現1単)　　歌う (不) ／ 接続　歌う (接現2単)
　　　　(a. 私は歌いたい。／b. 私は君に歌ってほしい。)

(ii)　　La　dejé　　{a. cantar　／b. que *cantara*}．
　　　　彼女を　放置する (直点1単)　　歌う (不) ／ 接続　歌う (接過3単)
　　　　(a, b. 私は彼女を歌うがままにした。)

[16] 提案 (表5c) に関する以下の説明および例文は，福嶌 (2015b) をもとにしている。

は，たとえば次のような現象に有効である。

(21) Creo que {**es** / *sea*} posible, aunque
　　　思う（直現1単）接続　〜である（直現3単）/（接現3単）可能な　〜ではあるが
　　　no estoy seguro.
　　　否　〜である（直現1単）確かな
　　　（私は自信はないが，それはありうると思う。）

　このように確信の度合が低い内容を表す場合でも，現代のスペイン語では，直説法 es が選ばれ，接続法 sea は用いられない。creer（思う）は，「事実だと信じている」という意味で使われるだけでなく，(21) のように確信の度合が弱い場合も直説法を導く。この動詞が平叙文で肯定形として用いられるときは，現代スペイン語では，確信の強弱を問わず一律に，（表 5a）の前段の「事実だと断定し，聞き手にむけて主張する」に相当すると見なされる。無標の叙法である直説法は，何らかの意味を積極的に表示するのではない場合にも用いることができるので，「事実だと断定し，かつ聞き手にむけて主張する」という条件をやや緩めても矛盾しないわけである。

　しかしかつては，creer が弱い確信を表す場合には，次に示す例のように接続法を用いることが許されていた時代があった。

(22) —¿E de quál tierra sois? —dixo ella.
　　　そして 〜から どの 土地　〜である（直現2複[17]）言う（直点3単）彼女
　　　—Del reino de Mentón— dixo él—, si lo
　　　〜から 王国 〜の メントン 言う（直点3単）彼　もし それを
　　　oistes dezir.
　　　聞く（直点2単）言う（不）
　　　—Sí lo oí dezir —dixo ella—, pero
　　　確かに それを 聞く（直点1単）言う（不）言う（直点3単）彼女　しかし

17　複数形だが，ここでは単数の敬称。古用法。

creo que *sea* muy lexos de aquí.
思う（直現1単）接続 〜である（接現3単）非常に 遠い 〜から ここ

（「あなたのお国はどちらですか？」と彼女は言った。「メントン王国です。お聞きになったことがあればの話ですが」と彼は言った。「確かに聞いたことはあります。でもここから大変遠いのでしょうね」と彼女は言った。）

（Ferrand Martínez?, *Libro del caballero Zifar*（騎士シファルの書），14世紀初頭）

　従って，当該の下線部分は，現代語には妥当だが，その他の時代のスペイン語においては必ずしも当てはまらないと言うことができる。

　また，（表5b）の「前提事実」にも下線が施されている。「前提事実」を表す従属動詞が接続法をとるという規則は，現代スペインのスペイン語では維持されているが，ラテンアメリカのスペイン語では，直説法の許容度がかなり高くなる。たとえば，高垣・他（2008, 2011, 2014）は，次の文の許容度の調査を行った。

(23) a. Me alegro de que usted **está** bien de salud.
　　　　喜ぶ（直現1単）〜を 接続 あなた 〜である（直現3単）良く 〜について 健康
　　（あなたが元気で私はうれしい。）
　b. ¡Qué bueno que **tuvimos** tiempo para visitar a
　　　　なんと 良い 接続 持つ（直点1複）時間 〜のための 訪問する（不）〜を
　　Juan también!
　　フアン 〜もまた
　　（私たちはフアンにも会いに行けるとは，なんといいことだ！）

　これらの文は alegrarse（喜ぶ），bueno（良い）という感情・評価を表す導入辞を持ち，従属節が前提事実を表しているから，本来ならば接続法が現れるところに直説法を用いたものである。スペインの調査では，どちらの文も許容度が低かったが，ラテンアメリカではかなり許容されるという結果が得ら

れた。すなわち、この地域のスペイン語では、「ある事実を前提とする」ことと「事実だという断定・主張をする」ことの区別が緩やかになり、「事実を表す場合は直説法を用いる」という単純な規則が一定の影響力を持っていると見ることができる。

従って、当該の下線部分は、スペインのスペイン語には妥当だが、その他の地域のスペイン語においては必ずしも当てはまらない[18]。(表5c)の規則は、以上の実情を捉えたものである。

4.2 提案 (表5) と第2, 3章との関係

第2章では、叙法の機能について何らかの規則を提案する際には、以下の点に留意することが必要であることを見た。

(表3) 叙法の働きを考えるうえでの留意点 (再録)

> a. 叙法を統語面から規定するか、意味面から規定するか。
> b. 叙法はそれ自体が意味を持つか、それとも意味を担うのは別の言語要素で、叙法はそれと呼応しているに過ぎないのか。
> c. 叙法の原理を一元論、二元論、多元論のいずれで捉えようとするか。
> d. 両叙法の間に、有標・無標の区別を行うか。

提案 (表5) は、これらの論点について、どのような立場を採ったものだろうか。まず (表3a, b) については、基本的には、直説法はそれ自体が意味を持つと見なし、意味面から規定する。一方、接続法は、意味を担う別の言語要素に呼応した形態と見なし、統語面から規定する。従って、(表3c) については、二元論を採る、ということになる。すなわち、意味面と統語面の両方から問題を捉えようとする。そして (表3d) については、発話レベルにおいては、直説法を無標の叙法、接続法を有標の叙法と見なす。発話に至る過程

---

[18] ラテンアメリカのスペイン語における叙法の特徴については、福嶌 (1997a, 1997b, 1999, 2000a, 2001a) を参照。ただしこの研究では書き言葉 (新聞) に見られる一般的特徴を論じたため、本書の以下の章で扱う諸現象には立ち入っていない。

においては，どちらを有標・無標と見ることもできない，という立場を採る。

提案（表5）は「叙法導入辞」という概念を用いる点を RAE & ASALE (2009) の説から採っている。しかし多元論ではなく二元論を採り，統語面だけでなく意味的側面も重視する点で立場を異にする。

次に第3章で導かれた結果との関係を明らかにしよう。第3章では，モダリティ研究の流れを振り返ったあと，以下の問題提起を行った。

（表4）叙法の分析にモダリティ，日本語との対照研究を関係づけるうえでの留意点（再録）

> a. 叙法の分析に，モダリティの概念をどう生かすか。
> b. 特に，国語学の「陳述」，日本語学の「モダリティ」の概念を，スペイン語の叙法の分析に生かすことが有用か。

提案（表5）は，叙法をモダリティに関与する言語形式の1つと見なすことが基盤となっている。すなわち，「事実だと断定する」働きは，日本語学で言う命題めあてのモダリティの一種に相当し，「それを聞き手にむけて主張する」働きは，聞き手めあてのモダリティの一種に相当する。直説法はこの両者を具備しているのに対し，接続法は，これらのモダリティを十分に示さない統語環境に使用されるという捉え方である。或いは，「陳述」の度合が，直説法は大きく，接続法は小さい，という捉え方を是とする，と言うこともできる。よって，（表4a）については，モダリティの概念を基盤に据えることによって，それを生かそうとし，（表4b）については，有用と判断し，「陳述」「命題めあてのモダリティ」「聞き手めあてのモダリティ」の概念を採り入れて提案を組み立てているわけである。

次の節からは，以上のような判断に至った根拠，および提案（表5）の妥当性を，スペイン語の実例の分析を行いつつ示していくことにする。

4.3　提案（表5）と基本的事例

叙法の選択に関する提案は，何よりもまず，最も基本的な事例に適用でき

なくてはならない．以下では，典型的な直説法・接続法の事例が，提案（表5）によってどのように説明されるかを見よう．第2.1節ではRAE & ASALE (2009) の説を紹介した方法と同様，第1章で挙げた例文 (1) ～ (5) などを利用することにする．

4.3.1 独立文
(24) = (1) 再録
    a. Pedro {**canta** / *****cante**}.
        ペドロ　歌う(直現3単) / 　(接現3単)
        （ペドロは歌う．）
    b. Tal vez Pedro {**canta** / *cante*}.
        多分　　　ペドロ　歌う(直現3単) / (接現3単)
        （多分ペドロは {歌うだろう / 歌うのではないだろうか}．）

　まず，(24a) で直説法が選ばれ，接続法が許されないのは，提案（表5a, b）によって説明される．平叙文では，発話レベルにおいて無標の叙法である直説法が使用され，話し手が，その内容を事実だと断定し，かつそれを聞き手にむけて主張していることが示される．接続法は，「事実だという断定・主張をしない」働きをする叙法導入辞に導かれる必要があるが，この文はそれを欠いているので，使用することができない．
　一方，(24b) では，両叙法が使用され，意味の違いが生じる．直説法が使われる理由は (24a) と同様である．接続法は，疑惑を表す叙法導入辞 tal vez（多分）に導かれることによって，使用が可能になる．そして「事実だという断定・主張をしない」という機能によって，この文は，(24a) よりも内容の成立について話し手の疑惑の度合が強いことを示す．すなわち，(24b) は単文ではあるが，接続法が使用される場合は，副詞 tal vez が主動詞のような働きをする複文構造に準じる形式になっていると見ることができる．その根拠として，(25) のように tal vez を後置すると，接続法の使用が不可能になることが挙げられる．これは，名詞節では主節が従属節に前置されるのが基本的語順なので，後置された要素は主節としての特質が低くなるからだと

考えられる。

(25) Pedro {***canta*** / ****cante***} tal vez.
　　　ペドロ　歌う(直現3単)/　(接現3単)　多分
　　(多分ペドロは歌うだろう。)

　また，疑問文では，次のように直説法が用いられる。この場合は，話し手は文の内容を事実であると断定してはいないし，聞き手にむかって主張もしてはいない。

(26) a. ¿Pedro {***canta*** / ****cante***}?
　　　　　ペドロ　歌う(直現3単)/　(接現3単)
　　　　(ペドロは歌うのか？)
　　 b. ¿Qué {***canta*** / ***cante***} Pedro?
　　　　　何　歌う(直現3単)/(接現3単)　ペドロ
　　　　(ペドロは何を歌うのか？)

　話し手は聞き手が内容についての断定を下し，自分にむかって主張することを求めている。全体疑問文 (26a) は内容が事実か否かについての断定を求める文であり，部分疑問文 (26b) は欠けている情報を補って断定を下すことを求める文である。断定・主張が話し手ではなく聞き手に委ねられる点が平叙文とは異なるが，ここに接続法を充てる積極的な理由は特に見当たらないので，発話レベルにおいて無標の叙法である直説法を用いるのだと考えれば，この問題も提案 (表 5a) で対処可能であろう。
　次に，命令文では，次のように命令法または接続法が用いられる。命令法は 2 人称 (tú (君), vosotros (君たち)) 肯定形のみから成る叙法である。2 人称否定命令，3 人称 (usted (あなた), ustedes (あなた方)) などの肯定命令・否定命令は接続法現在形で表す。以下の (27a, d) は 2 人称の肯定命令文，(27c) は 2 人称の否定命令文，(27b, e) は usted (あなた) を主語とする肯定命令文である。このような接続法と命令法との親近性は，それぞれが表す願望，命令

の意味的な近さによるものと考えられる。福嶌 (1977b, 2006b) を参照。

(27) a. Pedro, canta algo.
　　　　ペドロ　歌う (命 2 単) 何か
　　　　(ペドロ，何か歌え。)

　　b. Don Pedro, *cante* algo.
　　　　～さん　ペドロ　歌う (接現 3 単)　何か
　　　　(ペドロさん，何か歌ってください。)

　　c. Pedro, no *cantes* ahora.
　　　　ペドロ　否　歌う (接現 2 単)　今
　　　　(ペドロ，今歌うな。)

　　d. Pedro, {cántame / *me canta} algo.
　　　　ペドロ　歌う (命 2 単) + 私に / 私に (命 2 単) 何か
　　　　(ペドロ，私に何か歌ってくれ。)

　　e. Don Pedro, {*cánte*me / *me *cante*} algo.
　　　　～さん　ペドロ　歌う (接現 3 単) + 私に / 私に (接現 3 単) 何か
　　　　(ペドロさん，私に何か歌ってください。)

　命令文に接続法が用いられる場合は，有形の叙法導入辞が見当たらない。この現象を提案 (表 5) で対処するには，命令文の前に yo le ordeno que (私はあなたに～と命じる) のような主節と接続詞が陰在していると仮定することもできる。かつて Rivero (1972)，Kleiman (1974) はこの立場を採った。しかしこの仮定は恣意的で強力すぎる恐れがある。

　本書ではこれにはくみせず，「命令文を作る接続法現在形は，接続法ではなく命令法に属する」と見なすことにする。その根拠は，第 1 に，上記のように命令文では命令法と接続法現在形の使用領域が完全な相補分布を成していることが挙げられる。第 2 に，(27d, e) が示すように，肯定命令文を作る接続法は目的格代名詞との配列関係が通常とは異なり，命令法と軌を一にする点がある。従って，接続法現在形が命令文で用いられる現象は，提案 (表 5) の対象外となり，問題は起こらない。

以上のように，独立文における両叙法の使い分けは，平叙文，疑問文ともに提案（表 5）で問題なく説明できる。また，命令文における接続法の使用は（表 5）の対象外となる。

4.3.2 名詞節，名詞修飾節

(28) = (2) 再録

 a. Creo que Pedro {*canta* / **cante*}.
   思う（直現 1 単）接続 ペドロ 歌う（直現 3 単）/（接現 3 単）
  （私はペドロが歌うと思う。）

 b. Quiero que Pedro {**canta* / *cante*}.
   欲する（直現 1 単）接続 ペドロ 歌う（直現 3 単）/（接現 3 単）
  （私はペドロに歌ってほしい。）

 c. Tengo la certeza de que Pedro {*canta* / **cante*}
   持つ（直現 1 単）定 確かさ ～の 接続 ペドロ 歌う（直現 3 単）/（接現 3 単）
  bien.
  上手に
  （ペドロが上手に歌うと私は確信している。）

（28a, c）の従属節に直説法が選ばれ，接続法が許されないのは，各々，平叙肯定の主節の要素 creer（思う），certeza（確かさ）が従属動詞の叙法を導入しているからである。これらは（表 7a）に属する叙法導入辞であり，従属節の内容は「事実である」と断定され，主張される。また，(28b) の従属節に接続法のみが許されるのは，叙法導入辞 querer（欲する）に導かれているからである。この語は（表 6a）に属し，事実だという断定・主張をしない。

名詞節・名詞修飾節の中には，次の例のように両叙法が使用され，意味の違いが生じるものがある。

(29) María no cree que Pedro {a. *canta* / b. *cante*} bien.
   マリア 否 思う（直現 1 単）接続 ペドロ 歌う（直現 3 単）/（接現 3 単）上手に
  （a. ペドロは歌が上手なのに，マリアはそれを信じない。/ b. マリアは

ペドロが歌が上手だとは思わない。)

　この文の主動詞 creer（思う，信じる）否定形は，叙法導入辞としては（表6b）に属し，接続法を導く。従って（29b）が一般的な形であり，主語「マリア」が従属節の内容を事実だとは断定していないことが示される。しかし直説法を用いた（29a）も不可能ではない。この場合はマリアの判断を示すと同時に，話し手はマリアとは判断を異にしていることも示される。この現象は，直説法が叙法導入辞を必ずしも必要とせず，「事実だと断定し，聞き手にむけて主張する」働きをする，と考えれば無理なく説明される。すなわち，人称主語を持つ主節が名詞節を従える文では，通例は（29b）のように，主語に立つ者の判断を伝えるに留め，話し手自身の判断は示さないのだが，直説法の性質を利用すれば，（29a）のように話し手の視点も併せて示すことが可能なのである。

　以上のように，名詞節，名詞修飾節における両叙法の使い分けは，提案（表5）で問題なく説明できる。名詞節のうち，alegrarse（喜ぶ）などの「感情」を表す語句に導かれるものは第7章で扱う。creer（思う）に代表される「思考」を表す語句に導かれるものについては第8章で詳述する。また名詞修飾節のうち，el hecho（こと）を先行詞とするものは第9章で論じる。

4.3.3　関係節

(30) = (3) 再録

 a. Tengo　　un　pájaro que {**canta**　　　/ * *cante*} bien.
　　　持つ（直現1単）不定　鳥　　関　　歌う（直現3単）/（接現3単）上手に
　　　（私は上手に歌う鳥を飼っている。）

 b. Busco　　un　pájaro que {**canta**　　　/ *cante*} bien.
　　　探す（直現1単）不定　鳥　　関　　歌う（直現3単）/（接現3単）上手に
　　　（私は上手に歌う{ある鳥 /（任意の）鳥}を探している。）

　(30a) の話し手は「鳥を飼っていること」および「その鳥が上手に歌うこと」を事実として断定し，聞き手にむかって主張していると見なすのが自然

な解釈であるから，提案（表5）によって直説法が選ばれ，接続法は許されない。(30b) では，「話し手が探している鳥」が特定の実在の鳥である場合は，「その鳥が上手に歌うこと」が断定・主張されるので直説法 canta が選ばれる。一方，任意の鳥を指す場合は，関係節の内容が事実として断定・主張されないので接続法 cante が選ばれる。後者では主節の動詞 buscar（探す）が叙法導入辞として機能する。このように，関係節における両叙法の使い分けも，提案（表5）で問題なく説明できる。

4.3.4 副詞節
(31) = (4) 再録
 a. Llamaré a Pedro para que {*canta / <i>cante</i>}.
  呼ぶ(直未1単) 〜を ペドロ 〜のために 接続 歌う(直現3単)/(接現3単)
  （ペドロに歌ってもらうために，私は彼を呼ぼう。）
 b. Aunque Pedro no {canta / <i>cante</i>} bien, no
  〜であっても ペドロ 否 歌う(直現3単)/(接現3単) 上手に 否
  importa.
  問題である(直現3単)
  （{ペドロは歌が上手ではないが / たとえペドロが歌が上手でなくても} 構わない。）

(31a) では，前置詞 para（〜のために）が叙法導入辞として働き，接続法を導入する。従属節の内容は「目的」であり，その意味的性質上，事実であると断定・主張することはありえないからである。(31b) では，接続詞 aunque（〜であっても）が叙法導入辞として働き，従属節の内容が事実であると断定・主張されるときは直説法を導入し，単なる仮定を述べる場合は接続法を導入する。

このように，副詞節における両叙法の使い分けも，提案（表5）の説明に合致する。なお，aunque に導かれる副詞節が事実を表すにもかかわらず接続法が用いられる現象については，第10章で詳述する。

4.3.5　条件節

(32) = (5) 再録

a.　Si　Pedro　{**canta**　　　/ *****cante**}　　bien, le　llamaré.
　　　もし ペドロ　　歌う(直現3単) / (接現3単)　上手に 彼を　呼ぶ(直未1単)

（もしペドロが歌が上手なら，私は彼を呼ぼう。）

b.　Si　Pedro　{*****cante**　　　/ ***cantara***}　bien, le　llamaría.
　　　もし ペドロ　　歌う(接現3単) / (接過3単)　上手に 彼を　呼ぶ(直過未1単)

（もしペドロが歌が上手だったとすれば，私は彼を呼ぶのだが。）

　(32a)のように単純条件を表す条件節には，その内容が事実であるという断定・主張について中立的な形式が適している。接続法は「事実だという断定・主張をしない」ことを表す有標の叙法であるため，避けられる。一方，直説法は発話レベルにおいて無標であるため，この統語環境に用いることが可能である。逆に，(32b)のような事実に反する条件文には，接続法がふさわしい。現在時について述べる場合に接続法現在形ではなく過去形が選ばれるが，これは接続法の内部の問題であり，本書の主題からは外れるので，ここでは立ち入らない。このように，条件節の叙法選択も，提案(表5)で対処できる。

　以上で本書の提案(表5)が，基本的な直説法・接続法の事例に問題なく適用できることを示した。次の章では，提案を支持する言語現象を紹介する。そして，それ以降の章では，この提案が，従来の諸説では十分に説明できなかった構文にも有効であることを示す。

第 5 章

名詞節 I（要素の付加，移動）[19]

5.1　要素の付加

　この章では，本書の提案（表 5）を裏付ける言語現象を名詞節に求めてみよう。名詞節をとる複文に，要素の付加や移動といった操作を加えて，文法性に変化が起きるかテストをすることによって，提案（表 5）の妥当性を示すことができる。以下では，かつて筆者がスペイン語母語話者を対象に実施し，福嶌（1981, 2000b）で報告した調査結果の一部を利用する。

　まず以下の 6 つの複文を用意する。(33a, b, c) の主要部 creer（思う），decir（言う），darse cuenta（気づく）は直説法を導く叙法導入辞であり，それぞれ（表 7）の a, b, c に該当する。(33d, e, f) の主要部 interesar（関心を抱かせる），dudar（疑う），querer（欲する）は接続法を導く叙法導入辞であり，それぞれ（表 6）の c, b, a に該当する。従属節は「これから対舞が始まる」という同一の内容を表している。従属動詞は (33a, b, c) では直説法，(33d, e, f) では接続法になっている。

(33) a.　Creo　　　que　**van** a　　　　　bailar　la　contradanza.
　　　思う（直現1単）接続　〜するだろう（直現3複）踊る（不）定　対舞

---

[19]　この章は福嶌（2018a: 645–647）に基づいている。

46 | 第5章　名詞節 I（要素の付加，移動）

（これから対舞が始まると思う。）
b.　Dicen　　　　que **van** a　　　　　　　bailar　la contradanza.
　　言う（直現3複）接続　〜するだろう（直現3複）踊る（不）定　対舞
（これから対舞が始まるそうだ。）
c.　Me doy cuenta de　que **van** a　　　　　　bailar　la contradanza.
　　気づく（直現1単）〜に 接続　〜するだろう（直現3複）踊る（不）定 対舞
（これから対舞が始まるようだと私は気づいた。）
d.　Me interesa　　　　 mucho que ***vayan*** a　　　　 bailar　la
　　私に 関心を抱かせる（直現3単）大いに　接続 〜するだろう（接現3複）踊る（不）定
contradanza.
対舞
（これから対舞が始まることに私は大いに関心がある。）
e.　Dudo　　　que ***vayan*** a　　　　　bailar　la contradanza.
　　疑う（直現1単）接続 〜するだろう（接現3複）踊る（不）定 対舞
（これから対舞が始まるとは疑わしい。）
f.　Quiero　　　que ***vayan*** a　　　　　bailar　la contradanza.
　　欲する（直現1単）接続 〜するだろう（接現3複）踊る（不）定 対舞
（これから対舞が始まってくれることを望む。）

　ただし，(33a〜c) の従属節が直説法を指向する度合，および (33d〜f) の従属節が接続法を指向する度合は一様ではない。(33c) の主要部 darse cuenta（気づく）は，先に掲げた（表 7c）の「知覚・知識を表す語・語句」に相当し，直説法を導く導入辞の中ではやや周辺的な存在であり，従属動詞に直説法を要求する度合がやや弱い[20]。また，(33d) の主要部 interesar（関心を抱かせる）は「叙実述語」と呼ばれる前提事実を表しうる型の述語であり，地域によっては直説法の許容度が高いことは，第4.1節で述べたとおりである。以上の点を考慮して，上記6つの文は，直説法指向性の強い文 (33a, b) と接続法指

---

[20] Terrell & Hooper (1974) はこの種の述語を「精神的行為（mental act）」を表す述語と呼び，直説法を従える述語の中では，「信念（belief）」型，「伝達（report）」型よりも周辺的で，接続法をとる「評価（comment）」型述語との親近性があると説く。

向性の強い文（33e, f）を両端に，そして中間にそれぞれの指向性の弱い（33c）と（33d）を置く配列となっている。

　さて，これらの文の末尾に ¿no?（〜ですね？）という要素を加えて，付加疑問文（33a〜d）を作る。

(34) a.　Creo　　　　que **van** a　　　　　bailar　la contradanza, ¿no?
　　　　思う（直現1単）接続 〜するだろう（直現3複）踊る（不）定 対舞　　　　　ね？
　　　　（これから対舞が始まると思う。そうだね？）
　　b.　Dicen　　　que **van** a　　　　　bailar　la contradanza, ¿no?
　　　　言う（直現3複）接続 〜するだろう（直現3複）踊る（不）定 対舞　　　　　ね？
　　　　（これから対舞が始まるそうだね。）
　　c.　?Me doy cuenta de　que **van** a　　　　bailar　la contradanza,
　　　　気づく（直現1単）〜に 接続 〜するだろう（直現3複）踊る（不）定 対舞
　　　　¿no?
　　　　ね？
　　　　（これから対舞が始まるようだと私は気づいた。そうだね？）
　　d.　?Me interesa　　　　mucho que **vayan** a　　　　bailar　la
　　　　私に 関心を抱かせる（直現3単）大いに 接続 〜するだろう（接現3複）踊る（不）定
　　　　contradanza, ¿no?
　　　　対舞　　　　　ね？
　　　　（これから対舞が始まることに私は大いに関心がある。そうだね？）
　　e.　?Dudo　　　que ***vayan*** a　　　　bailar　la contradanza, ¿no?
　　　　疑う（直現1単）接続 〜するだろう（接現3複）踊る（不）定 対舞　　　　　ね？
　　　　（これから対舞が始まるとは疑わしい。そうだね？）
　　f.　*Quiero　　　que ***vayan*** a　　　　bailar　la contradanza, ¿no?
　　　　欲する（直現1単）接続 〜するだろう（接現3複）踊る（不）定 対舞　　　　　ね？
　　　　（これから対舞が始まってくれることを私は望むね？）

　筆者が4人のスペイン人を対象に行った調査では，上のように，最初の2つの文は文法的だが，第3から第5までの文は文法性が低くなり，第6の

文は非文法的と判断されるという結果だった[21]。

　(33a~f) に ¿no? を付加した場合，聞き手に同意を求める事柄は，主節ではなく従属節の内容と解釈されるのが自然である。なぜなら主節は話し手自身の見解・判断を示しており，聞き手に確認する対象にはなりにくいものが多いからである[22]。従って ¿no? の付加が可能な文の従属節は，統語的には従属節であっても，語用論的に見れば文の中心的情報を担っていることになる。(34a, b) はこの例であり，聞き手に確認しているのは，主節ではなく「これから対舞が始まる」という従属節の内容が正しいかどうかである。つまり語用論的には従属節が主節を制して独立文のような重みを持っていると言える。これほどの独立性は，その他の 4 つの文の従属節には乏しいため，これらの場合，付加疑問は主節へとむけられ，その結果，先述の理由から不自然な文になる。

　この現象は，本書の提案(表5)に沿うものである。すなわち (33a, b) では，話し手は直説法を用いて，従属節の内容をいったん事実だと断定し主張したうえで，それについての同意を聞き手に求めている。一方，(33d, e, f) の従属節には接続法が使われ，事実だとの断定も主張もされておらず，従って聞き手に確認するための条件が整わず，付加疑問の焦点は主節という解釈しかできなくなり，非文となる。

　先に述べたとおり，(33c) の darse cuenta (気づく) のような「知覚・知識を表す語・語句」は，直説法を導く導入辞の中ではやや周辺的な存在であり，(33d) の interesar (関心を抱かせる) のような前提事実を表しうる述語は，接続法を導く導入辞の中ではやや周辺的な存在である。(33c) が直説法をとる文でありながら文法性が低く，逆に (33d) が接続法をとる文でありながら文法的が比較的高いのは，上記の特性から必然的に生じた帰結だと言えよう。

---

[21] インフォーマント全員が文法的と判断した場合を 100%，全員が非文法的と判断した場合を 0% とすると，(34a~f) は，各々，次のような値になる。(34a) 100%，(34b) 94%，(34c) 59%，(34d) 63%，(34e) 59%，(34f) 40%。ここでは 0~40% を *，41~80% を ?，81~100% を無印 (文法的) として表している。

[22] (34b) は 1 人称単数の主語をとっていないが，仮に dicen を digo (私は言う) で代替しても依然，文法性は保たれるので，この論旨が損なわれることはない。

5.2 要素の移動

前の項で見たテストは，文に要素を付加するものであったが，新たな要素を用いることなく，文の構成要素の配列を変更することによっても，本書の提案の裏付けを得ることができる．その1つの方法は，主節を挿入節に改め，元来従属節であったものを主たる節にするという操作である．

先ほどと同じように，次の6つの文を設定する．

(35) a. Creo que el nuevo gerente **es** muy exigente.
　　　思う(直現1単) 接続 定 新しい 支店長 ～である(直現3単) 非常に 厳しい
　　　（新しい支店長はとても厳しい人だと思う．）

b. Se dice que el nuevo gerente **es** muy
　　再帰 言う(直現3単) 接続 定 新しい 支店長 ～である(直現3単) 非常に
　exigente.
　厳しい
　（新しい支店長はとても厳しい人だそうだ．）

c. Me doy cuenta de que el nuevo gerente **es** muy
　気づく(直現1単) ～に 接続 定 新しい 支店長 ～である(直現3単) 非常に
　exigente.
　厳しい
　（新しい支店長はとても厳しい人だと，私は気がついた．）

d. Lamento que el nuevo gerente *sea* muy exigente.
　嘆く(直現1単) 接続 定 新しい 支店長 ～である(接現3単) 非常に 厳しい
　（新しい支店長はとても厳しい人なのが残念だ．）

e. Dudo que el nuevo gerente *sea* muy exigente.
　疑う(直現1単) 接続 定 新しい 支店長 ～である(接現3単) 非常に 厳しい
　（新しい支店長はとても厳しい人だとは，私は思わない．）

f. Quiero que el nuevo gerente *sea* muy exigente.
　欲する(直現1単) 接続 定 新しい 支店長 ～である(接現3単) 非常に 厳しい
　（新しい支店長はとても厳しい人であってほしい．）

(35a〜c) の従属動詞は直説法，(35d〜f) の従属動詞は接続法である。(33a〜f) と同様，直説法指向の強い文から弱い文，接続法指向の弱い文から強い文へと至る配列になっている。これらの文の主節を挿入節に改めると，次のようになる。

(36) a. El nuevo gerente, creo, **es** muy exigente.
　　　　定 新しい 支店長　思う(直現1単) 〜である(直現3単) 非常に 厳しい
　　　（新しい支店長は，思うに，とても厳しい人だ。）

　b. El nuevo gerente, se dice, **es** muy exigente.
　　　　定 新しい 支店長　再帰 言う(直現3単) 〜である(直現3単) 非常に 厳しい
　　　（新しい支店長は，噂では，とても厳しい人だそうだ。）

　c. ?El nuevo gerente, me doy cuenta, **es** muy exigente.
　　　　定 新しい 支店長　気づく(直現1単)　〜である(直現3単) 非常に 厳しい
　　　（新しい支店長は，私は気づいたが，とても厳しい人だ。）

　d. ?El nuevo gerente, lamento, {**es** / ***sea***} muy exigente.
　　　　定 新しい 支店長　嘆く(直現1単)　〜である(直現3単)/(接現3単) 非常に 厳しい
　　　（新しい支店長はとても厳しい人なのが残念だ。）

　e. *El nuevo gerente, dudo, {**es** / ***sea***} muy exigente.
　　　　定 新しい 支店長　疑う(直現1単)　〜である(直現3単)/(接現3単) 非常に 厳しい
　　　（新しい支店長は，そうではないと思うが，とても厳しい人だ。）

　f. *El nuevo gerente, quiero, {**es** / ***sea***} muy exigente.
　　　　定 新しい 支店長　欲する(直現1単)　〜である(直現3単)/(接現3単) 非常に 厳しい
　　　（新しい支店長はとても厳しい人だ。そうであってほしい。）

筆者が行った調査では，上のように，初めの2つは文法的な文，第3, 4は文法性の疑わしい文，第5, 6は非文との結果を得た[23]。この結果も本書の提案（表5）と整合する。すなわち，直説法が使われる従属節は，主節の地位を与えても文として成り立つのに対し，接続法の従属節は，文の中心的情報を担うことができず，動詞を直説法に改めようとも，接続法のままにしようとも，主節として文を構成することができない。この結果は，「『事実だと断定し，聞き手にむけて主張する』動詞は直説法で表され，その働きをしない動詞は接続法で表される」という本書の提案（表5）と完全に整合する。(36c) が直説法の文であるのに文法性が低いこと，また逆に (36d) が接続法をとる文なのに比較的，文法性が高いことは，先の付加疑問のテストの場合と同様にして説明される。

---

[23]　注21と同じ基準による文法性は (36a) 100%, (36b) 97%, (36c) 69%, (36d) 47%, (36e) 25%, (36f) 14% と，順次低くなっている。

第6章

名詞節 II（多重従属）

6.1 一般的な多重従属[24]

　前の章で論じたのは，或る操作を文に加えた場合に生じる結果が本書の提案に合致するか否かという問題であったが，次は一定の文タイプで行われる叙法選択を提案が的確に説明できるかどうか，という観点から，本書の提案（表5）の妥当性を検証する．取り扱うのは，名詞節の中に，さらに名詞節が存在する，多重従属の複文である．

　一般に，従属動詞の叙法の導入辞となるのは，その節を直接支配する主要素である．たとえば (37a) では，asegurar（請け合う）という動詞が，その直接の従属動詞 ser（～である）を直説法の形 es にし，es mejor（～のほうがいい）という主要素が，その下位の節にある pensar（考える）を接続法 piense にし，pensar は，さらに下位の節の動詞 ir（行く；～しようとする）の叙法導入辞として働き，voy という直説法の形にしている．つまり (37b) に示すように，叙法の決定は直接の支配・従属関係にある要素間で局所的に行われ，多重の従属節がある文では，それが順次，連鎖を成している．以下では多重従属の文の最上位の節を「節1」，その直接の従属節または動詞句を「節2」，その直接の従属節を「節3」のように呼ぶことにする．

---

[24] この節は，福嶌（1984, 1990a, 1990b, 2000b, 2001b, 2018）がもとになっている．

(37) a. ─Pero le aseguro que también es mejor
しかし あなたに 請け合う(直現1単) 接続 〜もまた 〜である(直現3単) より良い

que él *piense* que yo **voy** a salir en
接続 彼 考える(接現3単) 接続 私 〜しようとする(直現1単) 出る(不) 〜の中に

libertad.
自由

(「でも，わたしが自由になることを彼に意識させたほうが，絶対にいいんです…」)

(Manuel Puig, *El beso de la mujer araña*, 1976, Barcelona: Seix Barral, 1982, p. 202. 野谷文昭・訳『蜘蛛女のキス』，1982, 集英社文庫, 1988, p. 280)

b. [節1 aseguro [節2 que **es** mejor [節3 que *piense* [節4 que **voy** a salir]]]]
　　　　請け合う　　　〜のほうがいい　　　考える　　　　　　出ようとする
　　　　　　　　　　　　　　　　　　　　　　　　　　　　　　　　
　　　　　　　　　直説法　　　　接続法　　　　　直説法

6.2 非局所的支配による多重従属

ところがこのような多重従属文では，時として，直接の主節ではなく，その上位の節が従属動詞の叙法に影響を与えることがある。次の(38a)，(39a)がその例である。

(38) a. Me sorprendió muy agradablemente ver que gente que
私を 驚かせる(直点3単) 非常に 心地よく 見る；知る(不) 接続 人 関

es seguramente mayor que yo ─que tengo
〜である(直現3単) きっと 年上の 〜より 私 関 持つ(直現1単)

17 años─, como el autor del artículo, *pueda*
歳 〜のように 定 筆者 〜の+定 記事 〜できる(接現3単)

distinguir las distintas tendencias que hay entre
識別する(不) 定 異なる 傾向 関 〜がある(直現3単) 〜の間に

la juventud.
定　若者

（私は 17 歳だが，問題の記事の筆者のように，明らかに私より上の世代の人でも，若者の間にあるさまざまな好みをきちんと識別<u>できる</u>と知って，うれしい驚きだった。）

　　　　　　（*Cambio 16* 誌，552 号，1982 年 6 月 28 日，Madrid, p. 17）

b.　[_節1_ me sorprendió [_節2_ ver [_節3_ que ***pueda*** distinguir]]]

　　驚いた　　　　　　知る　　　　　識別できる

接続法

　（38a）の「節 1」は sorprender（驚かせる）を主要素とする節であり，その下に ver（見る；知る）を主要素とする不定詞句があり，さらにその下に従属節が位置している。もしこの「節 3」にある従属動詞の叙法が，先ほど見たような局所的支配関係によって決まるのならば，ver が叙法導入辞として働き，直説法形 puede が導入されるはずである。ところが，ここでは接続法形 pueda が選ばれている。これは「節 1」の動詞 sorprender の力によるものと考えなければなるまい。つまり（38b）のように非局所的な叙法選択が行われているわけである[25]。

---

[25]　（38a）は，スペインの週刊誌に掲載された読者の投書から得られた事例だが，この投書は編集者の手違いで 3 週間後の 555 号に再度掲載されている。そして興味深いことに，ここでは次の（iii）のように，問題の箇所が puede と直説法になっているのである。

（iii）a.　Me　sorprendió　　muy　agradablemente　ver　　　　que
　　　　　私を　驚かせる（直点3単）非常に　心地よく　　　　見る；知る（不）　接続

gente　que　seguramente　es　　　　　mayor　que　yo（tengo
人　　関　きっと　　　　〜である（直現3単）年上の　〜より　私　持つ（直現1単）

diecisiete años）***puede***　　　　distinguir　las distintas
17　　　　歳　　〜できる（直現3単）識別する（不）定　異なる

tendencias que　hay　　　　　entre　la　juventud.
傾向　　　関　〜がある（直現3単）〜の間に　定　若者

（私は 17 歳だが，問題の記事の筆者のように，明らかに私より上の世代の人でも，若者の間にあるさまざまな好みをきちんと識別<u>できる</u>と知って，うれしい驚きだった。）　　　　（*Cambio 16* 誌，555 号，1982 年 7 月 19 日，Madrid, p. 17）

56 | 第6章 名詞節Ⅱ（多重従属）

(39) a. Por eso me llama   la atención que Xavier   Domingo
　　　 だから 私に 呼ぶ(直現3単) 定 注意   接続 シャビエル ドミンゴ

　　　 afirme   que en   Cataluña se *encuentren*
　　　 主張する(接現3単) 接続 〜の中に カタルニア 再帰 見いだす(接現3複)

　　　 cinco de entre los diez mejores restaurantes que
　　　 5   〜の 〜の中の 定 10   最良の レストラン   関

　　　 hay   en   España.
　　　 〜がある(直現3単) 〜の中で スペイン

　　　（だからシャビエル・ドミンゴ氏が，スペインの最良のレストラン10店のうち5店がカタルニア地方にあると主張しているのが，私の注意を引いた。）
　　　　　　　　　　　（*Cambio 16* 誌，567 号，1982 年 10 月 11 日，Madrid, p. 17）

b. [節1 me llama la atención [節2 que afirme [節3 que se *encuentren*]]]

(39a)でも同様に，非局所的な叙法導入が見られる。これは「節1」〜「節3」まですべての動詞が定形になった二重従属の構造を成す文である。「節

---

b. [節1 me sorprendió [節2 ver [節3 que **puede** distinguir]]]

（この文の「節2」は不定詞であり，叙法導入が行われないので，「節1」から「節2」への矢印は記さない。）

つまり，この場合は非局所的な叙法導入が起こっておらず，一般的な支配関係が成立している。筆者はかつてスペイン語母語話者11人（スペイン7人，コスタリカ，コロンビア，チリ，フィリピン各1人）を対象に，(38a)と(iii)の文法性を調査した。その結果は，(38a)については「自然な文：9人。やや不自然な文：0人。不自然な文：2人」，(iii)については「自然な文：2人。やや不自然な文：1人。不自然な文：8人」という回答が得られた（福嶌1984）。すなわち，この文では非局所的な叙法選択が好ましいと判断する話者のほうが多かったのである。

3」に用いられた動詞が se encuentren（見いだされる）という接続法の形態になっているのは，「節2」の述語 afirmar（主張する）ではなく，「節1」の述語 llamar la atención（注意を引く）によって導入されたものと考えなければなるまい。なぜなら肯定形の afirmar が直接支配する従属動詞は直説法になるのが通例だからである。すなわち，ここでも (39b) のような非局所的叙法導入が行われている。

この現象は，一般には直説法が予想される箇所に接続法が現れる (40a) のような環境で生じ，その逆の (40b) のような環境では起こらない。たとえば先述の (37a) の「節4」の従属動詞 voy（〜しようとする）を接続法に改めた (40c) は非文になる。

(40) a. [節1 接続法の導入辞 [節2 直説法の導入辞 [節3 接続法]]]

b. *[節1 直説法の導入辞 [節2 接続法の導入辞 [節3 直説法]]]

c. *—Pero le aseguro que también es
　　しかし あなたに 請け合う(直現1単) 接続 〜もまた 〜である(直現3単)

mejor que él *piense* que yo *vaya* a
より良い 接続 彼 考える(接現3単) 接続 私が 〜しようとする(接現1単)

salir en libertad.
出る(不) 〜の中に 自由

（「でも，わたしが自由になることを彼に意識させたほうが，絶対にいいんです…」）

非局所的な叙法導入および (40) に示すその生起の制約は，どう考えればいいだろうか。第2.1節で紹介した，接続法を従属の叙法と見なす立場では，(38a), (39a) の「節3」に接続法が現れるのは，統語的に従属の度合の高い環境だからだということになるだろう。しかし，この説明では多重従属の

「節3」以下には常に接続法が現れなければいけないことになるが，実際には(40b, c)の事例ではそうではないことから明らかなとおり，事実に反する。

第2.2節で紹介した諸説も直ちに説明の決め手とはならないものが多い。たとえば，接続法を非現実の叙法と見なす立場も，この問題にはあまり有効ではない。なぜならば非局所的な叙法選択を起こす文は，(38a)のsorprender（驚かせる），(39a)のllamar la atención（注意を引く）のように，「節1」が主観的感情を表す述語で構成され，「節3」の内容も事実を表すことが多いからである。

提案（表5）に基づけば，この問題は次のように説明できる。この現象を起こす文の「節2」は，ver（見る；知る），afirmar（主張する），creer（思う）など，「確実性を表す語・語句」（表7a）や「平叙の伝達を表す語・語句」（表7b）で構成されることが多い。これらは，第5.2節で見たとおり，挿入節を作りやすい述語である。この種の述語が支配する従属節は，「事実だと断定され，聞き手にむけて主張され」（表5a），語用論的に独立性が高い。このような従属節を「節3」に配置すると，独立性の高い節と，そうでない節との階層が不調和をきたす。そこで，それを避けるために，従属動詞を「事実だという断定・主張をしない」（表5b）接続法に改めて，文を安定させるのである。

つまり，この現象は，情報伝達上，独立性が低くあるべき要素が高い独立性を帯びてしまう問題を，「節2」を一種の挿入節化することによって回避しようとする意識の反映である，と見ることができる。こう考えれば，(40b, c)のような文が許されないことも，説明できる。すなわち，この場合は「節2」の動詞が挿入化を好まず，従属節を独立性の低い状態に留めるから，接続法が望ましいということになる。

以上，この章では，多重従属の形をなす名詞節に見られる非局所的な叙法選択を例に挙げて，本書の提案の妥当性を示した[26]。

---

[26] 多重従属の問題は，Bosque & Demonte編（1999: II, 3244–3246），Hummel（2004: 188, 189）で，福嶌（1990a）の議論を引用して論じられている。中には批判的見解も含まれているので，それぞれ福嶌（2001c, 2006a）でそれに答えた。また，RAE & ASALE（2009: I, 1913–1918）では，非局所的な叙法選択の現象を「接続法の予期せぬ用法（uso inesperado del subjuntivo）」と呼んでいる。この用法がスペイン語母語話者にとっても例外的に思えることが分かって興味深い。

第7章

名詞節Ⅲ（感情節）[27]

7.1　序論

　この章および第8〜11章では，接続法が実際に起こったこと，起こっていることを表す事例を取り上げ，それを本書の提案（表5）がどのように説明するかを考察する。まず，感情節に注目しよう。感情節とは，alegrarse（喜ぶ），sorprender（驚かせる），bueno（良い），triste（悲しい），contento（満足な），maravilla（すばらしさ），lástima（残念）など感情，主観的判断を表す語・語句を叙法導入辞とする名詞節を指す。この用法は，主節と名詞節から成る，典型的な複文だけでなく，主動詞を欠く主部が名詞節を従える構文でもよく用いられるので，これを「半名詞節」と呼んで，名詞節とともに本章の考察対象に含めることにする[28]。

　感情節では，第2.2.5項などで述べたとおり，事実を表す場合にも接続法が用いられるため，特に「接続法は非現実を表す」とする説にとって反例となり，従来より研究教育者の関心を集めてきた。

　本書の提案を検証するに当たり，3つの資料体を利用する。第1は，スペインの現代の一般市民が使う口語を反映した素材として，最近スペインで制

27　本章は福嶌（1978, 1992, 2007）の議論を発展させたものである。
28　すぐあとに出る例文（41c）が半名詞節の例である。

作された映画のシナリオ4本である。第2に，スペイン王立学士院が公開している電子コーパス Corpus de Referencia del Español Actual (CREA, 現代スペイン語参照コーパス)から，感情節の主動詞の代表例として alegrarse(喜ぶ)の用例を取り上げる。第3に，同じく CREA を用いて，感情節に情報の焦点が当たる場合と当たらない場合の差を調べる。

　第1の資料により，一定の資料体から得られるあらゆる用例を調べることができ，第2の資料により，単一の形式を巨大な資料体の中から選んで精査することができる。両者は相補う関係にある。さらに第3の資料により，文の要素の移動操作を行って，仮説の妥当性を確かめることができる。

7.2　映画のシナリオを資料体として

では次の資料体から得られる事例を検討することにしよう。

(表8) 資料体とした映画のシナリオ

a. Juanma Bajo Ulloa & Eduardo Bajo Ulloa, *Alas de mariposa*, 1991年作, Ocho y Medio, Madrid, 2005. (テーマ：幼児の暴力性)
b. Iciar Bollain & Alicia Luna, *Te doy mis ojos*, 2003年作, Ocho y Medio, Madrid, 2003. (テーマ：家庭内暴力)
c. Alejandro Amenábar & Mateo Gil, *Mar adentro* (邦題：海を飛ぶ夢), 2004年作, Ocho y Medio, Madrid, 2004. (テーマ：尊厳死)
d. Pedro Almodóvar, *Volver* (邦題：帰郷), 2005年作, Ocho y Medio, Madrid, 2006. (テーマ：女性の主体性)

　ここから得られた感情節の用例は16例，うち14例が接続法，2例が直説法であった。その内訳は次のとおりである。

7.2 映画のシナリオを資料体として | 61

（表9）（表8）の資料に見られる感情節の事例（叙法導入辞で記す）

	名詞節	半名詞節
接続法	echar de menos（寂しく思う）1 enrollar（「喜ばせる」の意で）2 extrañar（寂しく思う）1 inquietar（不安にさせる）1 ir（「喜ばせる」の意で）1 molestar（困らせる）1 preocupar（心配させる）1 sorprender（驚かせる）1 doloroso（痛ましい）1 encantado（うれしい）1 pena（悲しみ）1	bien（良く）1 pena（悲しみ）1
直説法	quejarse（不平を言う）1	pena（悲しみ）1
計	接続法12，直説法1	接続法2，直説法1

　これらの感情節の事例のうち，接続法で想定・可能性を表すものが5例，明らかに事実を表すものが6例，その中間に位置するものは3例である。それぞれの例を1つずつ示す。

(41) a.　Eso es　　　　　　lo que te　　enrolla,　　　　¿no?
　　　　それ ～である（直現3単）定 関 君を 喜ばせる（直現3単）ね？

　　　Que te　***vean***.
　　　接続 君を見る（接現3複）

　　　（君はそれがうれしいんだろう？，人に見られるのが。）
　　　　　　（Iciar Bollain & Alicia Luna, *Te doy mis ojos*, p. 142）（想定・可能性）

　b.　¡Pilar, yo estoy　　　　　encantada de　　que te
　　　ピラール 私 ～である（直現1単）うれしい　～について 接続 再帰

　　　quedes　　　en　　casa, nos vemos　　　muy poco!
　　　留まる（接現2単）～の中に 家 再帰 見る（直現1複）非常に 少し

　　　（ピラール，あなたが家にいてくれるのは歓迎よ。私たち，滅多に

会う機会がないもの！）

(同上, p. 27)（想定・可能性と事実の中間的な内容）

c. Qué　pena　que　no　se　***vea***　　　　el mar desde aquí.
なんと 残念 接続 否 再帰 見る(接現3単) 定 海　〜から ここ

（ここから海が見えないのは，なんと残念なことだろう。）

(Alejandro Amenábar & Mateo Gil, *Mar adentro*, p. 52)（事実）

　(41a) は，「もしそういう状況に置かれれば」という想定・可能性について述べる内容であり，(41b) では，「ピラールの滞在」は発話時点では事実だが，今後も継続するかどうかは定まっていない。すなわち，この類の従属節は，事実だという断定・主張がなされていない，あるいは明確に断定・主張がなされているとは言い難いので，本書の提案（表 5b）に従えば，接続法をとることになる。これらは，接続法を非現実を表す叙法と見なす説でも説明できる事例だが，本書の提案が特に効力を発揮するのは，(41c) の類の事例である。この文が発話された室内からは，海が見えない事実が映像においても確認できるが，接続法形 vea が用いられている。話し手は，その部屋で暮らす聞き手に「この部屋からは海が見えない」ことを殊更に教えようとしているのではなく，その共通認識を踏まえて「残念に思っている」ことを伝えようとしているのである。すなわち，この文の従属接続詞 que 以下は（表5b）の「前提事実」を表しており，「事実だという断定・主張をしていない」ので，接続法が選ばれる，ということになる。

　なお，この資料体からは直説法を用いた感情節の事例が 2 例得られたが，これは大きな問題にはならない。1 つは quejarse（不平を言う）を叙法導入辞とするものである。この動詞は，意味的には主観的感情を表すにもかかわらず直説法を導くことが知られている[29]。またもう 1 つはスペイン語を母語としないイギリス人の発話であり，標準的な使用例と見ることはできない。

29　この動詞の特異性については De Mello (1996), Butt & Benjamin (2011: 256) を参照。

7.3 電子コーパスを資料体として

次に電子コーパス CREA を用いて，本書の提案の妥当性を調べてみよう。感情節を従える動詞の典型例として alegrarse（喜ぶ）を選び，me alegro（de）que（私は〜を喜ぶ）という語連鎖を対象とする[30]。得られた事例は，以下のとおりだった。

(表 10) CREA の alegrarse の事例[31]

語連鎖	接現	接現完	接過	接過完	直現	計	
a. Me/me alegro de que	73	46	5 + 0	0 + 1	2	127	(64)
b. Me/me alegro que	39	20	0 + 1	1 + 0	0	61	(31)
計	112	66	5 + 1	1 + 1	2	188	(95)
%	60%	35%					(51%)

この表で次の 3 点が注目に値する。第 1 に，ほとんどすべての事例が接続法であり，直説法の事例は 2 例に過ぎない。この点は，第 7.1 節で用いた資料の傾向と一致する。第 2 に，接続法現在完了形の事例が約 35% を占めている。この時制の一般的使用頻度と比べて，これは非常に高い数値である[32]。第 3 に，聞き手に関わる事例が全体の半数（約 51%）を占めている。第 2 と第 3 の特徴は，すでに起こった事実や，聞き手にとっての既知情報につ

---

30 この調査では，me alegro de que だけでなく me alegro que という語連鎖も対象とした。この動詞が接続詞 que で始まる名詞節を導くときは，前置詞 de を介するのが規範的とされるが，実際の運用では，de を欠く事例もかなり見られるからである。

31 略記は次の意味を表す。直：直説法，接：接続法，現：現在形，現完：現在完了形，過：過去形，過完：過去完了形。「Me/me alegro de que」は「Me alegro de que」と「me alegro de que」の合計を示す。接続法過去形・過去完了形の数値が「x + y」のように記されているのは，x: ra 形，y: se 形を示すためである。右端の「計」に続くかっこ内の数値は，2 人称（tú（君），vosotros（君たち），vos（（方言で）君）），3 人称のうち usted（あなた），ustedes（あなた方）に対応する動詞形および gustar（好かれる），ocurrirse（思いつく）が聞き手を表す間接目的格代名詞をとる事例の数を示す。2016 年 3 月 6 日に「全時代，全ジャンル，全地域」の条件で検索した。

32 たとえば，福嶌（1984）の調査では，スペインの小説，演劇，週刊誌を資料として得られた 5,034 個の接続法の用例のうち，現在完了形は 96 個，すなわち 2% に満たなかった。

いて述べる事例がかなりの割合で含まれていることの現れだと考えられる。たとえば次の例を見てみよう。

(42) a. Antón: Chica, cómo cambias cuando sales
　　　　　　　　女性　　なんと　変わる(直現2単) 〜するとき 出る(直現2単)
　　　　　　de　la discoteca.
　　　　　　〜から 定 ディスコ

　　　Candela: Me alegro de que te **hayas dado** cuenta.
　　　　　　　　喜ぶ(直現1単) 〜を 接続 気づく(接現完2単)

　　　（アントン「君，ディスコから一歩出ると，ずいぶん雰囲気が変わるんだね」　カンデラ「気がついてくれてうれしいわ」）

　　　（Gioconda Belli, *La mujer habitada*, Txalaparta, Nicaragua, 1992, p. 35）

　b. ―Gracias por el centro que me has regalado.
　　　　ありがとう 〜について 定 テーブルセンター 接続 私に 贈る(直現完2単)

　　　Es muy bonito.
　　　〜である(直現3単) とても 美しい

　　　―Me alegro de que te **guste**...
　　　　喜ぶ(直現1単) 〜を 接続 君に 気に入る(接現3単)

　　　（「テーブルセンターをくださって，どうもありがとう。とてもきれいです」「気に入ってもらえて良かった」）

　　　（Adolfo Marsillach, *Se vende ático*, Espasa Calpe, Madrid, 1995, p. 177）

　c. ―¡Señor… Blasco!
　　　　〜さん　ブラスコ

　　　―Hola, me alegro de que me **recuerde**.
　　　　やあ　喜ぶ(直現1単) 〜を 接続 私を 覚える(接現3単)

　　　（「ブラスコさん…じゃありませんか！」「やあ，私を覚えていてくださってうれしいですよ」）

　　　（José Eduard, *Buster Keaton está aquí*, Ediciones Libertarias, Madrid, 1991, p. 139）

(42a) の従属動詞は tú（君）を主語とする接続法現在完了形である。(42b) では「君が気に入る」を表している。(42c) は usted（あなた）を主語としている。いずれも直前の相手の発話から，従属節の内容が事実であり，相手もそれを知っていることが明らかである。本書の提案（表 5b）に従えば，これらの文の話し手は，相手が十分承知している事柄を断定し，主張しようとしているのではなく，その事実を前提として，「私はうれしい」ということを伝えようとしているから，従属動詞には接続法が用いられるのだと，無理なく説明できる。

　なお，直説法の事例が 2 つ見られるが，1 例はスペインの雑誌から，もう 1 例はアルゼンチンの政治家の演説の記録から得られたものである。前者については直説法である理由が確定できないが，後者は，叙法導入辞と従属動詞の間に，いくつも挿入句が入っていることが原因かと思われる。また，第 4.1 節で述べたラテンアメリカのスペイン語の特徴の現れとして見ることができる。

7.4　感情節と情報の焦点

　仮説の第 3 の検証は，電子コーパス CREA を利用する点では前節と同じだが，感情節を持つ基本的な複文と，感情節に情報の焦点が当たる形になった複文とを比較する点が異なる。次の例のうち，(43a)，(44a)，(45a) が基本的な複文で，(43b)，(44b)，(45b) が感情節に焦点が当たる形の複文である。

(43) a.　Es　　　　　　　sorprendente que...
　　　　〜である（直現 3 単）驚くべき　　　接続
　　　　(…とは驚くべきことだ。)

　　b.　Lo sorprendente es　　　　　　　que...
　　　　定　驚くべき　　　〜である（直現 3 単）接続
　　　　(驚くべきは…だ。)

(44) a.　Me sorprende　　　que...
　　　　私を 驚かせる（直現 3 単）接続

(私は…に驚いている。)
　b. Lo　que　me　sorprende　　　　es　　　　　　　que...
　　　定　接続　私を　驚かせる(直現3単)　～である(直現3単)　接続
　　(私が驚いているのは…だ。)
(45) a. Es　　　　　　　una pena　que...
　　　～である(直現3単)　不定　悲しみ　接続
　　(…とは残念だ。)
　b. La　pena　es　　　　　　　que...
　　　定　悲しみ　～である(直現3単)　接続
　　(残念なのは…ということだ。)

　(43b)は(43a)の主格補語の形容詞に中性定冠詞 lo を付けて主語に改め，文頭に置いた文である。(44b)は(44a)に対応する疑似分裂文である。(45b)は(45a)の主格補語の名詞を主語にして文頭に置いた文である。いずれの場合も，bの文では，「驚くべきは…である」「私が驚いているのは…である」「残念なのは…である」のように，感情・評価を表す語を情報の焦点から除き，que 以下の部分に焦点があることが明示されている。すなわち，これらの文では，話し手は que 以下の部分が事実であることを断定し，それを聞き手にむけて主張するのであるから，本書の提案(表5)によれば，ここには直説法が現れることが予測される。
　この予測が正しいかを確認するため，電子コーパス CREA を用いて，上記のa型の文とb型の文の事例を集め，それぞれの感情節の叙法を調べたところ，以下の結果が得られた[33]。

---

[33]　2007年8月31日に「全時代，全ジャンル，全地域」の条件で検索した。f, f' のみ 2016年3月16日に同じ条件で検索した。f, f'. bueno (良い) と g, g'. malo (悪い) は主観的感情というより価値判断を表す語とされることがあるが，ここでは主観的感情の概念を広義に捉え，対象に含めた。

7.4 感情節と情報の焦点

(表11) 感情節の基本構文・疑似分裂文の事例数

	直説法	接続法	計
a. es lamentable que (…とは残念だ)	1	48	49
a'. lo lamentable es que (残念なのは…だ)	6	0	6
b. es triste que (…とは悲しい)	0	11	11
b'. lo triste es que (悲しいのは…だ)	13	1	14
c. es preocupante que (…とは気がかりだ)	1	18	19
c'. lo preocupante es que (気がかりなのは…だ)	9	2	11
d. es sorprendente que (…とは驚くべきだ)	1	62	63
d'. lo sorprendente es que (驚くべきは…だ)	11	11	22
e. es raro que (…とは奇妙だ)	1	283	284
e'. lo raro es que (奇妙なのは…だ)	5	6	11
f. es bueno que (…は良い)	2	468	470
f'. lo bueno es que (良いことに…だ)	95	4	99
g. es malo que (…は悪い)	0	31	31
g'. lo malo es que (悪いことに…だ)	133	8	141
h. me preocupa que (私は…が気がかりだ)	1	23	24
h'. lo que me preocupa es que (私が気がかりなのは…だ)	1	5	6
i. es una pena que (…とは残念だ)	2	44	46
i'. la pena es que (残念なのは…ということだ)	3	5	8

　(表11) のうち，(a, b, c, f, g) では，基本構文では接続法が好まれるのに，従属節を焦点化した文では直説法が優位になり，叙法選択の傾向が逆転している。(d, e, i)(sorprendente(驚くべき)，raro(奇妙な)，pena(残念))では，従属節を焦点化すると接続法とほぼ拮抗するまでに直説法の使用度が上昇する。(h)(preocupar(心配させる))では，焦点化した節内でも接続法の事例のほうが多い。

　(表11b, b')(triste(悲しい))の基本構文と従属節を焦点化した例を(46)〜(48)で比較してみよう。これらは長文なので，全文をa.に，問題部分だけをb.に記し，a.のグロスは省略する。

(46) a.　Puede que no haya ninguna ley que obligue a los Ayuntamientos a dar subvenciones, pero en nuestro pueblo las asociaciones (y en concreto

Peñablanca) realizan más del 95% de las actividades culturales que hay en el municipio, y es triste que el concejal de Participación Ciudadana, de cuya Concejelía han alardeado tanto, presumiendo de ser pionera en la provincia, que debería colaborar estrechamente con las asociaciones, nunca nos ***haya convocado*** como concejal del área con propuestas de actividades a realizar, y se ***permita*** el lujo de tirar por tierra nuestra labor.

(市町村の役所が補助金を出すのに特に決まりはないのかもしれないが、私たちの村（ペニャブランカ村）では、村内で行われる文化活動の 95% 以上は諸団体の手で実施されているのに、村民参加活動を担当する村議は、この職種は県内で初めて設けられたと自慢していながら、初団体と緊密に協力すべきところ、活動実施の企画をする際に、私たちをその分野の委員として招集した試しがなく、私たちのせっかくの努力を台無しにしているのは、残念なことである。)　　　(*El Norte de Castilla* 紙、2002 年 11 月 18 日、Valladolid)

 b. es   triste que nunca nos ***haya convocado***, y
   〜である（直現 3 単）悲しい 接続 決して 私たちを 召集する（接現完 3 単）そして

  se ***permita***
  再帰 許す（接現 3 単）

(47) a. Según indicó este propietario de bar, "este dinero lo pagaríamos bien a gusto si se empleara en la realización de actos que produjeran un beneficio al pueblo, pero lo triste es que lo **utilizan** para comprar bebidas, montar un chiringuito en su local y hacer la competencia a nuestros establecimientos".

(この居酒屋の経営者によれば、「もしこのお金が市民に利益をもたらす活動の実施に使われるのなら、私たちも喜んで支払うが、悲しいことに、そのお金を使って飲み物を購入し、その施設内に飲食店を作り、私たちの店の商売の邪魔をしようとするのだ」と言う。)

     (*Diario de Navarra* 紙、2001 年 1 月 7 日、Pamplona)

b. lo triste es　　　　que lo **utilizan**
　　定 悲しい ～である(直現3単) 接続 それを 利用する(直現3複)

　この2例は，地方行政に対する不満を述べている点で内容が似ており，しかも，ともに発話者が事実だと判断したことを述べているが，一方は接続法で，他方は直説法になっている。(47)は(46)と比べて，何が不満なのかに情報の焦点を当てていることが明瞭である。すなわち，ある事柄が事実であると断定し，かつそれを主張する場合には(47)のように直説法が用いられ，断定はしても主張の主たる対象から外れる場合には(46)のように接続法が選ばれるので，本書の提案（表5）を裏付ける事例であると言える。
　しかし従属節を焦点化した文でありながら直説法をとる事例も存在する。これは一見，本書の提案の反例であるかのように思えるが，実はそうではない。その例を検討しよう。

(48) a. A mí, lo que me preocupa es que la gente *empiece* a pensar que lo que es injusta es la lotería.
　　　（私が気がかりなのは，人々が宝くじは不公正なものだと考え始めるのではないかということだ。）
　　　　　　　　　　　　　　　（*ABC Electrónico* 紙，1997年11月15日，Madrid）
b. lo que me preocupa　　　　es　　　　que la gente
　 定 接続 私を 心配させる(直現3単) ～である(直現3単) 接続 定 人々

　empiece a 　　　　pensar
　～し始める(接現3単) 考える(不)

　この文は疑似分裂文であるのに，従属動詞が接続法になっている。しかし従属節が表しているのは事実ではなく，今後起きるかもしれない事態への危惧である。従って，事実であるとは断定・主張されてはいない事例だから接続法が導入されるとして，本書の提案で無理なく説明できる。
　この調査で得られた事例には，次のような傾向が認められる。すなわち，lamentable（残念な）や triste（悲しい）のように，生起したできごとについて

述べることが多い叙法導入辞では，従属節を焦点化したときに直説法が用いられ，preocupar（心配させる）のように，これから生起しそうなことへの懸念を表すことのできる叙法導入辞では，同様の環境においても接続法が維持されることが多い。先に（表11）の (a', b', c', f', g') と (d', e', i') と (h') とで叙法の指向が異なることを見たが，それはこの説明に合致する。

　対象を事実を述べる事例に限定すれば，感情節が情報の焦点となる場合は直説法が選択される可能性が非常に高いと言える。そして，この調査は，本書の提案（表5）を支持する結果となった。

　この章では，感情節の叙法について，3つの角度から論じた。そして本書の提案は，一定の資料体の中のあらゆる感情節の用例の説明にも，広い資料体の中のある感情節のすべての用例の説明にも適していることを確認し，さらに感情節に情報の焦点を当てた場合に，本書の提案の予測どおりの結果が得られることを示した。

第8章

名詞節Ⅳ（思考節，虚偽節）[34]

8.1　思考節（否定命令文，修辞疑問文の場合）

　この章では，名詞節中の叙法選択の中に，一見，本書の提案にとって不都合かと思える現象を取り上げる。そして，実はそれが逆に提案を支持するものであることを示す。第1に扱うのは，creer（思う），pensar（考える），parecer（思われる）などを主動詞とする従属節である。本書では，これらの動詞を「思考動詞」，それらが従える名詞節を「思考節」と呼ぶことにする。第2の対象は，fingir（～のふりをする），mentir（～とうそをつく）などを主動詞とする従属節である。これらの動詞を「虚偽動詞」，それらが従える名詞節を「虚偽節」と呼ぼう。

　思考節では，すでに第1章で例文（2a）を用いて述べたように，現代スペイン語では主節が肯定形の場合，直説法が選ばれる。また，第4.1節で例文（21）を用いて示したとおり，これに関しては確信の度合の強弱を問わない。

　主節が否定形の場合，思考者が1人称以外なら，直説法も接続法も許されることを，第4.3節で見た[35]。次の例では（49b）が一般的だが，（49a）も可能

34　この章は福嶌（2011c, 2013a: 第4章, 2015b）に基づいている。
35　思考者が1人称の場合，思考者と話し手が同一なので，従属動詞は接続法が選ばれるのが基本である。ただし，直説法を用いた例も存在しないわけではない。RAE & ASALE（2009: I, 1910）はこれを「論理的に矛盾するのだが」と評している。

である。直説法を用いた (49a) は,「ペドロは歌が上手ではない」と思っているという思考者(ここでは主語)マリアの判断を表すと同時に,話し手は「ペドロは歌が上手だ」と判断していることも表している。つまり相異なる2つの視点を一文で伝えている。一方,接続法を用いた (49b) はマリアの判断を伝えるに留め,話し手は中立を保ち,自分の判断は示さない。

(49) = (29) 再録

  María no cree   que Pedro {a. **canta**   / b. *cante*}   bien.
  マリア 否 思う(直現1単) 接続 ペドロ   歌う(直現3単)/ (接現3単)上手に
  (a. ペドロは歌が上手なのに,マリアはそれを信じない。/ b. マリアはペドロが歌が上手だとは思わない。)

以上の叙法選択が本書の提案によって無理なく説明されることは,確認したとおりであるが,次のように,思考動詞が否定命令の形をとる場合や,反語的な疑問の形をとる場合に,特異な現象が生じる[36]。

(50) —No se crea   que {a. **es**   / b. **sea*}   broma,
    否 再帰 思う(接現3単) 接続 〜である(直現3単)/ (接現3単)冗談
    señora Domi; el Quico no se ha meado   hoy en   la
    奥様   ドミ   定 キコ   否 再帰 排尿する(直現完3単) 今日 〜の中で 定
    cama: ni   se   ha repasado   tampoco.
    ベッド 〜さえない 再帰 漏らす(直現完3単) 〜もまたない
    (ほんとよ,ドミ。(筆者直訳:ドミ,これを冗談だなどと思わないでください。) キコちゃんね,きょうはお寝しょもしなかったし,お漏らしもしてないの。)
    (Miguel Delibes, *El príncipe destronado*, Barcelona: Destino, 1973, p. 43 岩根圀和・訳『落ちた王子さま』,彩流社,2011,p. 46)

---

[36] RAE & ASALE(2009: I, 1917)はこれらの事例を,非局所的支配による多重従属(第6.2節)と同様,「直説法の意外な用法(uso inesperado del indicativo)」と呼んでいる。

8.1 思考節（否定命令文，修辞疑問文の場合） | 73

(51) —¿Crees que no lo {a. **sé** / b. *****sepa**} ?
　　　　思う(直現2単) 接続 否 それを 知る(直現1単)/ （接現1単）

（君は，私がそれを知らないとでも思っているのか？）

（Antonio BueroVallejo, "Llegada de los dioses", *Teatro español 1971–1972*, Madrid: Aguilar, 1973, p. 123）

　（50a）はスペインの現代小説の中の実例である。この文の発話者は，「キコがお寝しょをしなかったのは，うそではない」ことを，相手に信じてもらおうとしているにもかかわらず，「冗談だ」という箇所に直説法を用いている。ここに接続法を用いると非文になる。（51a）はスペインの現代演劇作品中の例である。話し手が従属節の内容を容認していないことは明らかなのに，接続法ではなく直説法が使用されている。

　この型の文では，話し手が事実と断定し，それを主張しているとは考えられない箇所に直説法が現れる。従って，本書の提案に抵触するかのように見える。しかし実はこの種の文は，かえって本書の提案を裏付けることになる。

　この型の文は，思考節の内容が信じるに足りないことを，聞き手に強く訴えかける文である。（50a）は否定命令の形式をとって，（51a）は反語的な疑問文の形をとって，その訴えを行っている。断定・主張がなされていない箇所に，それがなされていることを示す表現が用いられるのは，このような訴え型の文であって，平叙文ではないことに，着目してみよう。

　訴えという目的を達成するには，抑揚などの力を借りる必要があるが，さらに劇的効果をあげるため，直接話法に準じる形をとった結果生まれたのが，上記の種類の文ではないかと考えられる。

　たとえば（50a）では，「それは冗談だ」と誰かが発話する場面を想定したうえで，「あなたはそう思ってはいけません」と釘をさし，聞き手に強い印象を与える。ひとまず或る断定・主張を行うのだから，そこに直説法が用いられるのが適切だということになる。（50a），（51a）は，それぞれ（52a），（52b）のように分析できる。

74 | 第 8 章　名詞節 IV（思考節，虚偽節）

(52) a.　［命令 no se crea］［想定の断定・主張 (que) es broma］．
　　　　 ［それは冗談だ］　［などとは思わないでください］
　　 b.　［修辞疑問 ¿crees?］［想定の断定・主張 (que) no lo sé］
　　　　 ［私が知らない］　［とでも思っているのか (= とは思うな)］

　この型の文は，直説法の持つ断定・主張の力を利用して，あたかも発話が成立したかのように言い成す。そしてそれを否定したり，修辞疑問で打ち消したりすることによって，強い訴えかけを行っている。すなわち，これは一見，本書で立てた叙法対立の原則に背くように思えるが，実際には，いわば原則を逆手にとって表現効果をあげる構文であると言うことができよう。

8.2　思考節（無標の疑問文の場合）

　引き続き，疑問文中の思考節の考察を続けよう。ただしここでは修辞疑問ではなく，無標の疑問文を取り上げ，思考節中の叙法選択規則には，地域差があることを紹介し，この現象が本書の提案で説明できることを示す。
　スペインのスペイン語においては，疑問文中の思考節では，一般に次の例のように直説法が用いられる。

(53) a.　¿Crees　　　　que Pedro {**viene**　　　　/ ***venga***} ?
　　　　 思う (直現 2 単) 接続 ペドロ　来る (直現 3 単) / (接現 3 単)
　　　　 (君はペドロは来ると思いますか？)
　　 b.　¿Quién crees　　　que {**viene**　　　　/ ?***venga***} ?
　　　　 誰　　思う (直現 2 単) 接続　来る (直現 3 単) / (接現 3 単)
　　　　 (君は誰が来ると思いますか？)

　全体疑問文 (53a) では，通常は直説法 viene が用いられる。接続法 venga は「返答についての話し手の何らかの先入観が微妙な形で含まれている」こと (Borrego 他 1986: 95) といった意味合いが加わる有標の表現になる。また，部分疑問文 (53b) では，接続法の使用は極めてまれである。この叙法選

択は，本書の提案（表 5a）に従えば，接続法を充てる積極的な理由が特に見当たらないので，発話レベルで無標の叙法である直説法を用いるのが一般的である，として説明できる。

ところがラテンアメリカおよびアメリカ合衆国のスペイン語では，(53a, b) のような疑問文に，かなり高い頻度で接続法が用いられる。電子コーパス CREA で検索したところ，以下のような結果が得られた[37]。

(表 12) creer を主動詞とする疑問文と叙法

	全体疑問文 （直説法）	部分疑問文 （直説法）	全体疑問文 （接続法）	部分疑問文 （接続法）	計
スペイン	1119	237	6	1	1363
小計	← 1356 (99.5%) →		← 7 (0.5%) →		
アメリカ	8	3	1	0	12
メキシコ	144	59	20	13	236
グアテマラ	1	1	1	0	3
エルサルバドル	2	0	0	0	2
ホンジュラス	5	1	2	0	8
ニカラグア	8	1	0	1	10
コスタリカ	10	0	3	0	13
パナマ	1	1	0	0	2
キューバ	59	13	20	1	93
ドミニカ共和国	4	4	2	0	10
プエルトリコ	7	8	2	0	17
ベネズエラ	100	16	19	2	137
コロンビア	45	14	3	0	62
エクアドル	6	2	1	1	10
ペルー	61	18	6	2	87
ボリビア	17	2	2	0	21
チリ	80	32	9	2	123
アルゼンチン	37	28	1	0	66
パラグアイ	0	1	0	0	1
ウルグアイ	6	2	0	0	8

---

[37] 2010 年 3 月 1 日～8 月 10 日に「全時代，全ジャンル，全地域」の条件で，crees que および Crees que という語連鎖を含む該当例を検索した。

第 8 章　名詞節Ⅳ（思考節，虚偽節）

スペイン以外 小計	601	206	92	22	921
	← 807（87.6%）→		← 114（12.4%）→		

（例文：全体疑問文（直説法）:（53a）¿Crees que Pedro *viene*?, 部分疑問文（直説法）:（53b）¿Quién crees que *viene*?, 全体疑問文（接続法）:（53a）¿Crees que Pedro ***venga***?, 部分疑問文（接続法）:（53b）¿Quién crees que ***venga***?, 数値は事例の個数）

　スペインでは 1,363 例中，接続法はわずか 7 例（0.5%）しか見られないが，ラテンアメリカでは，921 例中 114 例（12.4%）で，明らかに地域差がある。しかも接続法の事例は，直説法と基本的に同質の機能を担っているように思われる。第 1 に，次のように直説法と接続法が同形の構文で連続して使用される事例が見られる。

（54）　—¿Y　 cuánto crees 　　　que ***deba*** 　　　　　engordar yo,
　　　　　 そして いくら　思う（直現 2 単）接続　～ねばならない（接現 1 単）太る（不）　私
　　　burguesa de　mierda?
　　　ブルジョア ～の　くず
　　　—¿Cuánto crees　　　que ***peso***?
　　　　　　 いくら　思う（直現 2 単）接続　重さが～である（直現 1 単）
　（「で，くずお嬢さま，私はどれだけ太ればいいとお思いなのですか？」
　　「私の体重はいくらだと思ってるの？」）
　　　　　　　　　　　　　　　　　　（J. E. Adoum, *Ciudad sin ángel*, エクアドル）

　第 2 に，全体疑問文の中には，次のように sí（はい），no（いいえ），またはそれに類する返答を伴うものがまれではない。

（55）　—¿Vos crees　　　 que me ***llamen***　　　　a　 declarar?
　　　　　　　君　思う（直現 2 単）接続 私を 呼ぶ（接現 3 複）～に 供述する（不）
　　　—No,　no lo　　 creo.
　　　　　 いいえ 否 それを 思う（直現 1 単）
　（「君は私が供述のために呼びだされると思うかい？」「いいや，そうは思わないよ」）　　　　（S. Rovinski, *Herencia de sombras*, コスタリカ）

第 3 に，部分疑問文に対しては，次の例のように，単純に求められた情報を提供する返答が多い。

(56)　―¿Cuántos días crees　　　　que *pase*　　　　aquí?
　　　　いくつの　日　思う(直現2単) 接続 過ごす(接現3単) ここ
　　　―Unos cinco días, no creo　　　que más.
　　　　約　　5　　日　　否 思う(直現1単) 接続 もっと
　　（「彼はここで何日過ごすと思う？」「5 日ほどだろう。それ以上ではないと思うよ」）　　　　　　　（G. Contreras, *El nadador*, チリ）

　すなわち，ラテンアメリカおよびアメリカ合衆国におけるこの構文では，接続法は「前提事実」のような話し手の何らかの先入観を微妙な形で表すというよりも，単純に「内容に関する話者の疑惑の度合の高さ」を示す傾向が強い，と考えるべきであろう。「前提事実」は，本書の提案（表 5c）「a, b の下線部は，主に現代スペインのスペイン語で有効である」の対象であり，これによって上記の地域における叙法の使用状況が射程に収められる。
　第 4.1 節で感情節の叙法の地域差を論じた際，「この地域のスペイン語では，『ある事実を前提とする』ことと『事実だという断定・主張をする』ことの区別が緩やかになり，『事実を表す場合は直説法を用いる』という単純な規則が一定の影響力を持っていると見ることができる」と述べた。思考節の疑問文にもこの原則が適用され，「疑惑の度合が高いことを接続法で表示する」という結果になっていると思われる。
　一般に，ラテンアメリカでは，スペインに比べて，接続法の使用領域が制限される傾向がある。これはすでに見た感情節だけでなく，hecho（こと，事実）を主要部とする名詞修飾節（第 9 章），譲歩節（第 10 章），結果節（第 11 章）において顕著である。本章で扱った思考節の疑問文は，逆にスペインよりもラテンアメリカのほうが接続法の使用が拡張されている。これは一見，趨勢と相反する特異な現象のように思えるが，上で述べたように，「前提事実」を叙法選択要因から外し，規則を単純化しようとする原理に基づいていると理解すれば，他の現象と同様に説明できる。

8.3 虚偽節

本章の最後に，fingir（〜のふりをする），mentir（〜とうそをつく），soñar（夢想する）などの虚偽動詞が従える名詞節（虚偽節）について考察しよう。これらは「事実ではない」ことを前面に出す動詞だが，次の例のように直説法を導く。hacer は，「〜させる」という使役の意味で用いられるときは接続法を導入するが，(57c) のように虚偽動詞としては直説法を導入する。

(57) a. Después de todo, normalmente ellos fingían que
あと 〜の すべて たいてい 彼ら ふりをする（直線3複）接続
ella no **tenía** hermana.
彼女 否 持つ（直線3単）姉妹
(結局，彼ら（夫婦）はたいてい，彼女（妻）には姉などいないふりをするのだった。)
(J. K. Rowling, *Harry Potter y la piedra filosofal*, Alicia Dellepiane 訳, Ediciones Salamandra, Barcelona, 1999, p. 13)

b. Innobles comentaristas mintieron que la multitud
卑劣な 評論家 うそをつく（直点3複）接続 定 大衆
asistía con horror a la resolución de
参加する（直線3単）〜とともに 恐怖 〜に 定 裁判 〜の
Cualesquiera; (...).
誰でも
(卑劣な評論家たちは，その「どこにでもいる人物」の裁判を大衆が恐る恐る見に行ったと，うそを述べた。)
(Félix Grande, *Fábula*, Plaza y Janés, Barcelona, 1991, p. 22)

c. —Hace que no **ve**, pero sí que ve,
する（直現3単）接続 否 見る（直現3単）しかし 確かに 見る（直現3単）
ve más de lo que dice.
見る（直現3単）もっと 〜より 定 関 言う（直現3単）
(「この子は見えないふりをしていますが，ちゃんと見えるんです。

言っているよりずっとよく見えているんです」)

(Elvira Lindo, *Manolito tiene un secreto*, Alfaguara, Madrid, 2004, p. 56)

d. ―A veces sueño que **vivo** romances con un
  ときどき 夢見る(直現1単) 接続 生きる(直現1単) ロマンス ～と 不定

 hombre moreno de ojos muy verdes, siempre es
  男 浅黒い ～の 目 非常に 緑の いつも ～である(直現3単)

 la misma persona.
  定 同じ 人

(「私はときどき，深い緑の目をした浅黒い男性と恋に落ちた夢を見るんです。いつも同じ人です」)

(David Cantero, *El viaje de Tanaka*, Planeta, Barcelona, 2014, p. 183)

　虚偽の内容を表すのに接続法が用いられないのは，「接続法は非現実を表す」とする学説にとっては反例となる。本書の提案にとっても不適合のように見えるが，実際にはむしろ提案の妥当性を裏付けることになる。

　虚偽節を扱う際に考慮すべきは，「内容が事実ではない」ことは，必ずしも「事実ではないと断定・主張する」ことだとは限らないという点である。うそをついたり，夢想したりするのは，内容が事実に反することを承知のうえで，あえて「内容が事実である」と断定・主張する行為に他ならない。もし(57a～d)に接続法を使えば，ある事柄を虚構の世界の中に成立させようとする傍ら，その虚構を崩すことになり，自己矛盾した表現になってしまう。

　つまり，これらの文は「主語で示される者が，事実ではないことを事実であるかのように断定・主張する」ということを，本書の提案（表5a）を利用して伝える文だと言える。

　この章では，第1に，否定命令文または修辞疑問文に含まれる思考節に直説法が用いられることを取り上げた。第2に，ラテンアメリカのスペイン語では，無標の疑問文に含まれる思考節に接続法が用いられる頻度が高いことを問題にした。第3に，虚偽節では，事実ではない事柄を表すにもかかわらず直説法が導入されることを扱った。以上の3つの現象は，多くの学説にとっては説明が困難だが，本書の提案にとっては，むしろその妥当性を

裏付けるものであることを確認した。すなわち，第1と第3の現象は，本書の提案のうちの基本原則（表 5a）を利用して表現効果を高めるものである。第2の現象は，提案（表 5b）中に含まれる「前提事実」の条件が（表 5c）により，地域によっては緩和されることになる。さらに，これはラテンアメリカの叙法導入の傾向の1つとして無理なく位置づけられることが示された。

第 9 章

名詞修飾節[38]

9.1　el hecho 節

　この章では，el hecho de que（〜ということ）という形で始まる節の中の叙法を考察対象とする。以下ではこれを el hecho 節と呼ぶことにする。el hecho 節では，前置詞 de および接続詞 que を介して名詞 hecho を修飾する働きをする。節の内容が hecho と同格であるから，同格節ということもできる。hecho は「こと，事実」という意味であるから，通常の考え方では，従属節には直説法を用いるのが自然なように思われるが，実際には，内容が明らかに現実を表す場合でも，しばしば接続法が用いられる。

(58) a.　Noboru abrió　　　　　　un　libro de texto y
　　　　　登　　開ける（直点3単）不定 教科書　　　そして

　　　　　hojeó　　　　　　　unas　　páginas, pero　no
　　　　　ページをめくる（直点3単）いくつかの ページ　しかし 否

　　　　　podía　　　　　　concentrarse.　Le　molestaba
　　　　　〜できる（直線3単）集中する（不）　彼を 悩ます（直線3単）

38　この章は福嶌（1990c, 2002b, 2008, 2015b）に基づいている。

demasiado el hecho irrefutable de que Ryuji y su madre no
あまりにも　定　こと　否定できない　〜の　接続　竜二　と彼の　母　　否
estuvieran en casa.
いる(接過3複)〜の中に　家

(いくら参考書をひっくり返しても，心は少しもそこに止まらなかった。母と竜二が今夜は確実にここにいないということが，却って彼を悩ましくさせていた。)

(三島由紀夫『午後の栄光』，1963，新潮文庫，1968, p. 76。Jesús Zulaila Goicoechea 訳, *El marino que peridió la Gracia del mar*, Bruguera, Madrid, 1968, p. 87)

b. El hecho de que Juan Rulfo ***fuera*** una de
　　定　こと　〜の　接続　フアン　ルルフォ　〜である(接過3複)　1人　〜の

las plumas menos prolíficos, pero más sublimes, de la literatura
定　作家　最も少ない　多作な　　しかし　最も　崇高な　　〜の　定　文学

en español, ha dado lugar a las más diversas
〜における　スペイン語　〜を引き起こす(直現完3単)　定　最も　さまざまな

conjeturas.
憶測

(フアン・ルルフォはスペイン語文学界で至高の位置を占めてはいたが，最も寡作な作家の1人であったところから，さまざまな憶測が生まれた。)

(*International Press. Edición en español* 紙，2000年6月3日, p. 11)

c. El PSOE expresa su satisfacción por el hecho de que
　定　社会労働党　表す(直現3単) その　満足　　〜ゆえに　定　こと　〜の　接続

vuelvan a celebrarse debates electorales 15 años después.
再び〜する(接現3複) 開く(不・再)　討論　　選挙の　　15 年　　　後

(選挙討論会が15年ぶりに開かれることについて，スペイン社会労働党は満足の意を表している。)

(http://www.psoe.es/ スペイン社会労働党ウェブサイト 2008年2月14日)

d. El Comité Electoral quiere　　　 expresar su　 satisfacción
　定 委員会　選挙の　　 欲する(直現3単) 表す(不) 彼の 満足

por　　 el hecho de　que los españoles **van** a
〜ゆえに 定 こと　　〜の 接続 定 スペイン人 〜するだろう(直現3複)

poder　　 volver a　　 ejercer su　　 derecho democrático de
〜できる(不) 再び〜する(不) 行使する 彼らの 権利　　民主的　　　〜の

asistir　 a　 la celebración de　debates electorales entre
参加する(不) 〜に 定 開催　　　〜の 討論会　　選挙の　　〜の間の

los dos　 candidatos a　　la Presidencia del　　Gobierno.
定　2人の 候補　　　〜への 定 大統領の地位 〜の+定 政府

（首相候補が行う選挙討論会に参加する民主的権利をスペイン国民が再び行使できることについて，スペイン社会労働党選挙対策委員会は満足の意を表したい。）　　　　　　　　　　　　（同上）

　(58a) は日本の小説のスペイン語訳である。「母と竜二の不在」は先行文脈から明らかであり，irrefutable（否定できない）という形容詞も付いているのに，従属動詞は接続法になっている。(58b) はメキシコの作家ルルフォに関する新聞記事から採った例である。ルルフォが現代スペイン語文学を代表する作家であること，および寡作であることは誰もが認めるところであるが，ここには接続法が用いられている。(58c) と (58d) は同一の記事の見出しの文と本文冒頭部分である。連続して用いられ，かつ同内容の文であるにもかかわらず，一方の el hecho 節には接続法が，もう一方には直説法（迂言形式による未来形）が用いられており，自由交替的様相を呈しているようにも見える。

9.2　el hecho 節の叙法選択規則

　el hecho 節は，このような叙法選択の特異さのゆえに，多くの研究者の関心を集め，さまざまな説明が試みられてきた。それらは以下のように大別できる。

(表 13) el hecho 節の叙法選択に関する諸説

a.「従属標識」説:「従属節の中なので,従属の叙法である接続法が,意味とは無関係に義務的に選択される。古い用法の名残りである。」(Demonte 1977, 原 2001)
b.「中和」説:「直説法と接続法の意味の対立は弱まり,中和されている。」(Fente 他 1972, Porto Dapena 1991)
c.「現実・非現実」説:「el hecho 節の中にあっても,直説法は現実を表し,接続法は疑惑,主観性など,非現実的な意味を表すという意味機能を果たしている。」(Woehr 1975)
d.「外部要素決定」説:「節を直接支配する hecho ではなく,その外部にある要素が叙法を決定する。」(秋山 1996, RAE & ASALE 2009)
e.「情報」説:「el hecho 節の中の直説法は主たる情報を表し,接続法は副次的な情報を表す。」(Togeby 1953, Fernández Ramírez 1986, Krakusin & Cedeño 1992, Sastre 1997)

以下では,これらの諸説のうち,(表 13d)「外部要素決定」説と(表 13e)「情報」説を組み合わせた説明が最も妥当であり,かつ本書の提案(表 5)と合致することを示す。

まず,(表 13a)「従属標識」説について考えてみよう。仮に el hecho 節に接続法のみが現れるということであれば,この説明は効力を持つ。しかし実際には,RAE の「スペイン語通時コーパス」(Corupus Diacrónico de Español, 略称 CORDE) も用いた筆者の調査によれば,1951〜1975 年における直説法と接続法の用例件数は,それぞれ 379,280 であり,むしろ直説法の用例のほうが多い。また,同じ資料体で 1800 年までの用例を検索すると,直説法 96 件,接続法 37 件が得られるので,「el hecho 節に接続法が用いられるのは古い用法の名残りである」と考えることも適当ではない[39]。従ってこの説明方法は妥当とは言えない。

次に(表 13b)「中和」説はどうだろうか。確かに先述の (58c, d) のように,直説法と接続法が自由交替のように用いられる場合には,この説明が当てはま

---

[39] 以上の調査の詳細については,福嶌 (2008) を参照。また,「el hecho 節に接続法が用いられるのはラテン語の用法の名残りである」とする主張への反論は,福嶌 (2002b) で述べた。

まる。しかしこういった事例はむしろ少数で，多くの事例では 2 つの叙法が統語的・意味的機能分担を行っていると考えられる。この点については，Fernández Ramírez（1986: 337–339）をはじめ多くの研究者が，実例だけでなく母語話者としての直感に基づいて指摘している。Porto Dapena（1991）のように，この構文における両叙法の意味的対立は希薄にしか感じられないと説く者ですら，叙法選択には一定の規則があると考えている。

第 3 に（表 13c）「現実・非現実」説には，(58a) に代表される，明らかな反例が非常に多い。この問題は，第 7 章で論じた感情節の場合と同様，現実を表す場合に接続法が用いられる現象の 1 つである。「現実・非現実」という概念を常識的な理解よりも広げたり狭めたりしてまで，あえてこの立場で事例を説明することは，好ましいとは言えない。

反対に（表 13d）「外部要素決定」説は，(58a) の説明には有効である。この例で問題となる外部要素は molestar（悩ます）という感情動詞であるから，これが el hecho 節内の叙法を導入すると考えれば，そこに接続法が現れることが説明できる。本書の提案（表 5）とも整合する。

第 4.3.2 項で述べたように，一般に，名詞修飾節内の叙法は，その主要部となる名詞によって導入される。たとえば la certeza de que（〜という確信）では certeza が直説法を導き，el deseo de que（〜という願い）では deseo が接続法を導く。しかし el hecho 節では，hecho 自体の語彙的意味が希薄であるため，叙法導入辞としての働きが十分ではなく，その外部にある要素の影響を受ける，と考えるわけである。

しかしこの説明方法が常に有効であるとは限らない。(58b) の el hecho 節の外部にある述部は dar lugar a（〜を引き起こす）である。この動詞句は目的語節には接続法を導入する[40]が，主語節の叙法には関与しない。この例では，el hecho 節は主語として働いているので，そこに接続法が用いられる理由は dar lugar a に求めることはできない。このような場合は，hecho が語彙的意味は希薄ながら前提事実を表す叙法導入辞として働く，と考えるべきで

---

[40] RAE の電子コーパス CREA によれば，ha dado lugar a que という語連鎖は「全地域・全年代」の指定で 41 得られるが，目的語節にはすべて接続法が用いられている（最終閲覧 2016 年 8 月 22 日）。

あろう。

　最後に（表 13e）「情報」説は，多くの事例に適用可能であり，かつ本書の提案（表 5）と整合する。(58a, b) で接続法が用いられるのは，el hecho 節の表す内容が，主節の情報を支える副次的な情報であるからだと説明できる。すなわち (58a) は「母と竜二が今夜はここにいないという，否定できない事柄」という前提事実を踏まえて，「それがかえって彼を悩ましくさせていた」という主たる情報を表す文であり，(58b) は「フアン・ルルフォはスペイン語文学界で至高の位置を占めてはいたが，最も寡作な作家の 1 人であった」事実を前提として，「そこから，さまざまな憶測が生まれた」ことを伝えようとする文である，と考えることになる。

　(58c, d) は叙法の自由交替のように見えるが，「情報」説の観点から捉えることも不可能ではない。(58c) は 2008 年に実施されたスペイン総選挙の最中に発表された記事の見出しである。この時点では，党首討論の開催は報道済みのできごとであった。それをスペイン社会労働党がどう評価しているかを伝えるのが，この文の主たる情報である。従って，副次的情報を表す el hecho 節には接続法が用いられている。一方，(58d) では，el hecho 節のもたらす情報が見出しよりも詳しいため，直説法が用いられていると考えることができる。

　しかし情報が主要なものであるか，副次的であるのかは，客観的な判断が困難な場合がある。ここに「外部要素決定」説を併用すれば，その欠陥を補うことができる。(58c, d) では，外部要素である expresar su satisfacción por（〜に満足の意を表する）が感情述語であるから，(58c) のように el hecho 節に接続法が導入されるのが一般的だが，el hecho 節の伝える情報の重要性が高いときには，(58d) のように直説法を用いることも許される，のように説明できる。

　以上の検討から，諸説のうち，「外部要素決定」説と「情報」説を組み合わせることが最も妥当であり，かつ，これは本書の提案（表 5）から自然に導かれる説明でもあることが示された。el hecho 節の叙法選択について本書が提案する説明方法は，次のようにまとめられる。

(表 14) el hecho 節の叙法選択規則[41]

a. 一般に名詞修飾節では，その主要部たる名詞が叙法導入辞となる。主要部が hecho の場合は，その語彙的意味の希薄さゆえに「事実だと断定し，聞き手にむけて主張する」ことも，そうでないことも可能なので，直説法・接続法のどちらも導入しうる。
b. hecho の語彙的意味の希薄さから，el hecho 節においては，統語的・意味的関係の強い外部要素が叙法導入に関与することも可能である。
c. el hecho 節が「事実だと断定し，聞き手にむけて主張する」場合は，この節は直説法をとり，文の主たる情報を表す。この節が動詞，前置詞の目的語となって，主節に後続することが多い。
d. el hecho 節が「前提事実を表し，事実だという断定・主張をしない」場合は，この節は接続法をとり，主節の情報を支える副次的情報を表す。この節が文の主語となって，主節に先行することが多い。
e. これらの規則は，本書の提案（表 5）から導かれる。また，a, b と c, d は並行して働く。
f. これらの規則は，（表 5c）に則り，主に現代スペインのスペイン語で有効である。

9.3 el hecho 節を用いた文の容認度

以下では，（表 14）に掲げた規則の妥当性を支持するデータを 2 つ提出する。第 1 は，例文を母語話者に示して，その容認度の判断を問うインフォーマント調査，第 2 は，el hecho 節を含む文に操作を加えた文の文法性に関するインフォーマント調査である。

容認度の判断を問う調査には，まず筆者も参加した高垣・他（2004）の研究成果の一部を利用する。用いた文は（59）と（60）である。もとにした実例（59a）から問題となる部分以外を削除して（59c）とし，さらに接続法の動詞 sepas を直説法 sabes に改めた（59b）を調査に用いた。回答者はスペイン人 186 人である。（59a）は長文なのでグロスは省略する。（60）はもとにした実例をそのまま調査に用いた。回答者はスペイン人 188 人である。

---

[41] el que, lo de que, esto de que, eso de que, aquello de que で始まる名詞修飾節も el hecho 節と同様に主要部の語彙的意味が希薄だが，この規則の適用可能性については個別に検討を要する問題であり，本書では立ち入らない。

(59) a.　—Digo yo, que qué carajo nos importa a nosotros lo que pase en el Golfo ese, yo ni siquiera sé dónde está —gritando el otro día en la barra de un bar una chica joven que llevaba el pelo sujeto con imperdibles de colores...
　　　　—El hecho de que no **sepas** dónde está, no quiere decir que no exista, guapa —le contestaba su novio que iba en camiseta sin mangas y cada dos minutos accionaba sus recios bíceps[42].
　　　　(「そのナントカ湾で起こることがなんの関係があるっているの？第一どこにあるのかも知らないよ」と，先日，居酒屋のカウンターで頭にカラフルな髪止めをたくさんつけた女性が叫んでいた。「君がその湾がどこにあるかも知らなくても，それが存在しないってことにはならないよ」と，袖なしのTシャツを着て，絶えずたくましい二頭筋を動かしている彼氏が答えていた。)
　　　　　　　　(*Cambio 16* 誌 980 号，1990 年 9 月 3 日，p. 114，Madrid)

b, c. El hecho de 　que no 　{b. **sabes** 　　/ c. ***sepas*** 　　dónde
　　　定　こと　　〜の 接続 否　　知る(直現2単)/ (接現2単) どこ

　　　está, 　　　no quiere decir 　　que no exista.
　　　ある(直現3単) 否 意味する(直現3単) 接続 否 存在する(接現3単)

(60) 　Quisiera 　　　llamar 　la atención sobre 　　el hecho de　que
　　　欲する(接過1単) 呼ぶ(不) 定 注意　　　〜について 定 こと　　〜の 接続

　　　en 　Finlandia 　la libertad de 　prensa **está**
　　　〜で フィンランド 定 自由　　〜の 出版　　〜である(直現3単)

　　　garantizada 　en 　la legislación.
　　　保障する(過分) 〜で 定 法律

　　　(フィンランドでは出版の自由が法律で保障されているという事実に注意を喚起したい。)
　　　　　　　　(*Cambio 16* 誌 575 号，1982 年 12 月 6 日，p. 15，Madrid)

42　この記事は 1991 年の湾岸戦争が勃発する前年に書かれた。話題になっている「湾」はペルシア湾を指す。

9.3 el hecho 節を用いた文の容認度 | 89

　いずれも文を書いた紙を示し，次の3つの回答から1つを選択するよう求めた。A. Digo.（私もこのように言う）という積極的容認，B. Oigo.（私は言わないが，他人がこう言うのを聞いたことがある）という受動的容認，C. No digo ni oigo.（私は言わないし，他人がこう言うのを聞いたこともない）という非容認。この選択肢は，一般の母語話者に文の文法性や規範的な正しさの判断を直接に求めることを避け，どの程度の容認度を持つかを問うことによって，言語使用の実態を知ろうという目的で設けられたものである。また，この他に自由回答も求めた。調査の結果は，次のとおりである。

（表 15）el hecho 節を用いた文の容認度（スペイン）

文＼回答者数	A を選択	B を選択	C を選択	計
（59b）（直説法）	28	107	51	186（101）
（60）（直説法）	142	37	9	188（31）

(A:「私もこのように言う」，B:「私は言わないが，他人がこう言うのを聞いたことがある」，C:「私は言わないし，他人がこう言うのを聞いたこともない」。かっこ内の数値：自由回答で「接続法を用いるほうがいい」または「接続法を用いることもできる」と記した回答者数)　　　　　　　　　　　　　　　　　　（高垣・他 2004: 41–42, 158–162）

　(59b) の容認度は低く，(60) は高い。そして (59b) では「接続法を用いるほうがいい」と判断する回答者が非常に多い。ここには，(59) には接続法が好まれ，(60) には直説法が好まれる傾向が明らかに認められ，原文の叙法の選択は，単に筆者の個人的な好みによるものではなく，多くの母語話者に支持されていることが分かる。同じ el hecho 節でありながら，なぜ叙法の選択にこれほどはっきりとした差が出るのだろうか。
　上記の規則（表14）によれば，この現象は次のように説明できる。まず (59a) では，「その湾がどこにあるか君が知らないこと」が事実であることは，先行文脈から明らかであるが，話者はそれを伝えたいわけではない。それを踏まえて，「その湾が実在している」ことを述べたいのである。これは，(表14a) の「叙法導入辞 hecho が事実だという断定・主張をしない」場合に該当する。従って（表14d）によって el hecho 節が「接続法をとり，主節の情

報を支える副次的情報を表す」ことになり，かつ，同規則が示すとおり，この節は文の主語として，主節に先行している．なお，外部要素である主動詞句 no querer decir（意味しない）は el hecho 節内の叙法選択には関与しない．

　一方，(60) では，llamar la atención（注意を喚起する）という表現で明示されているとおり，話者が主張したいのは「フィンランドでは出版の自由が保障されている」という el hecho 節の内容そのものである．これは（表 14a）の「hecho が断定・主張する」場合に該当し，かつ（表 14b）に従い，外部要素 llamar la atención も叙法導入に関与している．従って（表 14c）の規則によって，el hecho 節が「直説法をとり，文の主たる情報を表す」ことになり，また，同規則が示すとおり，主節に後続している．

　最後に，規則（表 14f）について説明する．これに従えばラテンアメリカのスペイン語では，el hecho 節の叙法選択は必ずしも（表 14a～e）に従わないことが予想される．この予想が正しいことを示すために，高垣・他（2008, 2011, 2014）の調査の結果を利用しよう．この調査では，ラテンアメリカの 13 の国と地域で 301～303 人の母語話者を対象に，文 (61a)，(62) を用いて，スペインと同様の回答を求めた．(61a) は実例 (61b) の一部を改めた文である．(61b) は常識的事実を踏まえたうえで「麻薬の使用は認められない」という主張を行う文であり，接続法 estén が用いられている．これを直説法 están に置き換えると，母語話者はどういう反応を示すかを見るのが目的である．(62) は先述の (60) の主動詞句 llamar la atención（注意を喚起する）を enfatizar（強調する）と代替した文である．文をなるべく短くして，回答者の意識を el hecho 節の叙法にむけるために，この変更を行った．(61a, b)，(62) および調査結果は次のとおりである．

(61)　El hecho de　que　el　tabaco　o　　　el　alcohol {a. **están**
　　　定　こと　～の　接続　定　煙草　　または　定　アルコール　～である（直現 3 複）
　　　/ b. ***estén***}　　legalizados,　　no da　　　　derecho a
　　　/　（接現 3 複）合法化する（過分）否　与える（直現 3 単）権利　　～に
　　　promover　el consumo de　otras drogas.
　　　促進する (不) 定 消費　　～の　他の　薬物

（煙草やアルコールが合法的だからと言って，その他の薬物の消費を促進してもいいということにはならない。）

(Cambio 16 誌 588 号，1983 年 3 月 7 日，p. 17, Madrid)

(62) Quisiera　　　　enfatizar　 el hecho de　que en　Finlandia
　　 欲する(接過1単) 強調する(不) 定 こと 　～の 接続 ～で フィンランド

　　 la libertad de　prensa **está**　　　 garantizada　en　 la legislación.
　　 定 自由 　～の 出版 　～である(直現3単) 保障する(過分) ～で 定 法律

（フィンランドでは出版の自由が法律で保障されているという事実を強調したい。）

（表 16）el hecho 節を用いた文の容認度（ラテンアメリカ）

文＼回答者数	Aを選択	Bを選択	Cを選択	計	
(61a) （直説法）	113	149	41	303	(137)
メキシコ	11	3	5	19	(6)
コスタリカ	7	13	3	23	(11)
キューバ	8	10	1	19	(10)
プエルトリコ	10	10	2	22	(10)
ベネズエラ	5	14	5	24	(11)
コロンビア	16	8	1	25	(3)
エクアドル	6	11	6	23	(13)
ペルー	8	14	1	23	(7)
ボリビア	21	18	1	40	(17)
チリ	4	14	7	25	(21)
アルゼンチン	2	13	5	20	(11)
パラグアイ	10	9	1	20	(7)
ウルグアイ	5	12	3	20	(10)
(62) （直説法）	258	31	12	301	(13)
メキシコ	10	6	2	18	(1)
コスタリカ	23	0	0	23	(0)
キューバ	15	1	2	18	(1)
プエルトリコ	20	2	0	22	(0)
ベネズエラ	22	3	0	25	(2)
コロンビア	20	5	0	25	(1)

92 | 第 9 章　名詞修飾節

エクアドル	21	1	1	23	(2)
ペルー	21	1	0	22	(0)
ボリビア	30	5	5	40	(0)
チリ	25	0	0	25	(1)
アルゼンチン	18	2	0	20	(2)
パラグアイ	15	3	2	20	(3)
ウルグアイ	18	2	0	20	(0)

(A:「私もこのように言う」，B:「私は言わないが，他人がこう言うのを聞いたことがある」，C:「私は言わないし，他人がこう言うのを聞いたこともない」。かっこ内の数値：自由回答で「接続法を用いるほうがいい」または「接続法を用いることもできる」と記した回答者数)
　(高垣・他 2008: 101–102, 219–221．同 2011: 144–145, 271–274, 同 2014: 39–40, 151–152)

　多少の地域差はあるが，総体的に見て先述のスペインでの調査と明らかに異なるのは，(62)だけでなく(61a)の容認度も高いという点である。ラテンアメリカのスペイン語では，「ある事実を前提とする」ことと「事実だという断定・主張をする」ことの区別にそれほど重きが置かれず，「事実を表す場合は直説法を用いればよい」という，単純な規則をとっているのだと言えよう。これはすでに見た感情節(第 7 章)や思考節の疑問文(第 8 章)の叙法選択の地域差と軌を一にする傾向である。
　また，規則(表 14f)に従えば，スペインにおいても古い時代には(表 14a〜e)とは相容れない叙法選択があったことになる。実際，福嶌(2008)の調査では，古い用例の多くは規則(14a〜e)に合致するものの，中にはあまり適合しない例もあった。

(63)　En　esto influye　　　　　no poco el hecho de　que la lengua
　　　〜に これ 影響する(直現3単) 否 少ない 定 こと　〜の 接続 定 言語

　　　española *sea*　　　　 poco　　 o　　 nada
　　　スペインの 〜である(接現3単) ほとんど〜ない または 全く〜ない

　　　conocida por　　 los extraneros; (...).
　　　知る(過分) 〜によって 定 外国人

　　　(このこと(外国人がスペインを蔑視すること)に少なからぬ影響

を与えているのが，外国人はスペイン語をほとんど或いは全く知らないという事実である。）(Ignacio de Luzán, *Defensa de España y participaciónen la campaña contra Gregorio Mayans*, 1742. Intsitución Fernando el Católico, Zaragoza, 1990, p. 126）

　たとえば，この 18 世紀に書かれた文では，「スペイン語が外国で知られていない」ことを新しい，主たる情報として提示している。それは，あとに「それゆえ私たちの言語で書かれて次々と出版される書物は，国境を越えると読まれることがなく，題名も著者名も知られていない」という説明が続くことからも推測できる。しかし当該の el hecho 節には sea という接続法の形が用いられている。この場合は，たとえば（表 13c）の「現実・非現実」説を適用して，「ここでは筆者は内容にあまり確信を抱いていない」といった解釈をすべきかもしれない。

　ここから推測するに，叙法が主たる情報・副次的情報の違いをつかさどるようになったのは，比較的新しい現象であって，かつては「事実か，そうでないか」という原理に，現代より一層比重が置かれていたのかもしれない。この変化は，el hecho 節だけでなく，después (de) que (〜のあとで) で始まる副詞節などにおいても認められる可能性があり，今後，通時的追究が必要である[43]。

9.4 「情報の非焦点化」操作[44]

　el hecho 節の叙法選択に関して本書が提案する規則（表 14）の妥当性を示す第 2 の根拠は，el hecho 節を含む文を部分疑問文にする操作によって得られる。この調査に用いた文は（64）と（65）である。それぞれ a. と b. は原文および原文の叙法を変更した文，c. と d. は a. と b. の当該の問題とは無関係の箇所を単純化したうえで部分疑問文に改めた形式を示す。

---

[43] 辻井 (2008) を参照。
[44] この節は福嶌 (1990c, 2008) に基づいている。

(64) a, b. El mero hecho de que en España {a. **está** / b. *esté*}
　　　　　定 単なること　〜の 接続 〜で スペイン 　〜である（直現3単）／ 　（接現3単）
　　　　　extendiéndose la desertización es una buena muestra
　　　　　広がる（現分）　定 砂漠化 　〜である（直現3単）不定 良い 　見本
　　　　　de la inoperancia de esta institución.
　　　　　〜の 定 無能さ 　〜の この 組織
　　　　　（スペインで砂漠化が拡大しているということだけを見ても，この組織の無能さが分かる。）
　　　　　(*Cambio 16* 誌 680 号，1984 年 12 月 10 日，p. 23, Madrid)（a. は叙法を変更した文，b. は原文）

　　　c, d. ¿De qué es una buena muestra el hecho de que en
　　　　　〜の 何 　〜である（直現3単）不定 良い 　見本 定 こと 　〜の 接続 〜で
　　　　　España {c. **está** / d. *esté*} extendiéndose
　　　　　スペイン 　〜である（直現3単）／　（接現3単）広がる（現分）
　　　　　la desertización?
　　　　　定 砂漠化
　　　　　（スペインで砂漠化が拡大しているということは，何の良い証拠であるか？）

(65) a, b. Se tiene que subrayar también el hecho de que,
　　　　　再帰 〜ねばならない（直現3単）強調する（不）〜もまた 定 こと 　〜の 接続
　　　　　con la masa tan enorme de estudiantes
　　　　　〜とともに 定 集団 それほど 巨大な 　〜の 学生
　　　　　extranjeros, el nivel de la enseñanza no {a. **está** /
　　　　　外国の　 定 水準 〜の 定 教育 　否 　〜である（直現3単）／
　　　　　b. *esté*} en concordancia con su fama.
　　　　　（接現3単）〜に 一致 　〜と その 名声
　　　　　（留学生を大量に抱えるその学校の教育水準は，評判ほどではないことも強調しておく必要がある。）
　　　　　(*Cambio 16* 誌 559 号，1982 年 7 月 16 日，p. 15, Madrid)（a. は原文，b. は叙法を変更した文）

9.4 「情報の非焦点化」操作 | 95

c, d. ¿ Quién subraya　　　　　el hecho de　que el nivel de　la enseñanza
　　　　誰　　強調する（直現3単）定 こと　　～の 接続 定 水準　　～の 定 教育

no {a. **está**　　　　　　/ b. *esté*}　　en　concordancia con su　fama?
否　　～である（直現3単）/　（接現3単）～に　一致　　　　　～と その 名声

（そこの教育水準が評判ほどでもないことを強調しているのは誰か？）

これらの文を 13 人の母語話者に示して，直説法・接続法のどちらが使えるかを尋ねたところ，以下の回答が得られた。

(表 17) el hecho 節を含む平叙文・部分疑問文の叙法

回答者＼文	(64a, b)	(64c, d)	(65a, b)	(65c, d)
スペイン（男）	接	接	直	接
スペイン（男）	直 / 接	直 / 接	直	直
スペイン（男）	接	接	直	直
スペイン（男）	接	接	直	接
スペイン（男）	接	直 / 接	直	接
スペイン（女）	接	直 / 接	直	直
スペイン（女）	直 / 接	直 / 接	直 / 接	直 / 接
グアテマラ（男）	直 / 接	接	直 / 接	接
コロンビア（女）	接	接	直	直 / 接
ペルー（女）	接	接	直	接
ペルー（女）	直 / 接	直 / 接	直	直
チリ（女）	直 / 接	接	直	直
アルゼンチン（男）	直 / 接	直 / 接	直	直
「直 / 接」合計	6 / 13	6 / 13	13 / 3	8 / 7

（回答欄の「直」，「接」，「直 / 接」は順に「直説法のみ可」，「接続法のみ可」，「直説法・接続法ともに可」を示す）

個人的相違はあるものの，合算すると (64a, b) と (64c, d) には叙法指向の差が見られない。一方，(65a, b) と (65c, d) では，かなりの差がある。これは本書の規則（表 14）によれば，次のように説明できる。すなわち，部分疑

問文では，疑問の焦点が疑問詞に位置し，その他の部分は情報的には背景化する。もともと副次的情報を担っている (64b) の el hecho 節は，疑問文に改めても接続法を指向することに変わりがない。しかし (65a) のように主たる情報を担っている節は，この操作によって焦点から外れるため，直説法に代えて接続法を用いようとする傾向が強まると考えられる。

　この章では，名詞修飾節の1つであり，従来より研究者の関心の的となってきた el hecho 節における叙法選択を取り上げ，まず他の諸説と比較して，本書の提案（表5）に基づく規則（表14）が言語事実に適合しているとの結論に至った。続いてこの見解を裏付ける2つのインフォーマント調査の結果を紹介した。1つは el hecho 節を用いた文の容認度に関するものであり，併せて現代スペインのスペイン語を離れた場合の状況も考察した。第2は el hecho 節の内容を文の情報の焦点から外すテストで，これによって上記規則の妥当性を示した。

第10章

副詞節Ⅰ（譲歩節）[45]

10.1 aunque 節

　この章と次の章では，本書の提案が副詞節における叙法の働きをどのように対処できるかを考察する。まずこの章では，譲歩を表す副詞節（以下，「譲歩節」と呼ぶ）の1つである aunque（〜にもかかわらず；たとえ〜でも）という接続詞が導く譲歩の副詞節の中の叙法を取り上げる。以下では，この副詞節を aunque 節と呼ぶことにする。

　かつては aunque 節の中の叙法の対立は，「直説法は事実を表し，接続法は仮定を表す」として説明されてきた。

(66)　Aunque {a. **hace**　　　　　/ b. ***haga***}　　mal tiempo, saldré.
　　　〜でも　　天候が〜である（直現３単）/　（接現３単）悪い　天気　　出かける（直未１単）
　　　（{a. 天気が悪いが / b. たとえ天気が悪かろうと} 私は外出するつもりだ。）
　　　　　　　　　　　　　　　　　　　　　　　　　（Gili Gaya 1943 / 1951: §249）

　たとえば Gili Gaya（1943/1951: §249）は，上記の例を挙げて，直説法が用いられた（66a）では「主節の内容の実現にとっての困難さが実在することが

45　この章は福嶌（1998, 2004）に基づいている。

主張されている」のに対して，接続法が用いられた (66b) では「困難さは単に可能性として感じられている」と説いている。

しかし接続法が用いられる aunque 節であっても，事実を表すことがある。

(67) a. ―Me sale   el usted. Papá, que en paz descanse,
　　　　　私に 出る(直現3単) 定 あなた パパ　接続 ～に 平和 憩う(接現3単)

　　decía   que tratar a los padres de   tú era
　　言う(直線3単) 接続 扱う(不) ～を 定 親　　～として 君 ～である(直線3単)

　　una falta de respeto.
　　不定 不足 ～の 敬意

　　―¡Pero si   tú a   mí no me tienes   ningún respeto,
　　　　しかし ～なのに 君 ～に 私 否 私に 持つ(直現2単) なんの   敬意

　　aunque   me *trates*   de   usted!
　　～であっても 私を 扱う(接現2単) ～として あなた

　　(「私は，つい『あなた』という言葉づかいをしてしまうんです。亡くなった父が親に『君』という言葉づかいをするのは敬意を失している，と言っていたので」「でもおまえは，私に『あなた』という言葉づかいをしていても，私に敬意なんか全然抱いていないじゃないか！」

　　(Carmen Martín Gaite, *Caperucita en Manhattan*, Siruela, Madrid, 1990, p. 58)

b, c. Aunque   {b. **soy**   / c. ***sea***}   español no me
　　　～であっても　　～である(直現1単)／(接現1単) スペイン人 否 私に

　　gustan   los toros.
　　好かれる(直現3複) 定 雄牛

　　(私はスペイン人なのに闘牛が好きではない。)

　　　　　　　　　　　　　　　　　　　　　(Fernández Álvarez 1984: 59)

たとえばスペインの現代小説から得られた例 (67a) における返答の文は，相手が自分を usted（あなた）という敬称で呼んでいるという事実を踏まえて

いる。また文法家の作例（67b, c）では，話し手が自分の国籍を知らないという特殊な状況を念頭に置かない限り，aunque 節の内容が真であることは明らかであるが，どちらの叙法も許され，むしろ接続法が好まれるという。

　近年の文法書，辞書は，このような現象への対応が進んでいる。たとえば RAE & ASALE（2009: I, 1944）の譲歩節の項では，aunque 節が①「仮定譲歩節（prótasis concesiva hipotética）」のときだけでなく，②「事実譲歩節（prótasis concesiva factual）」のときにも，接続法を用いることが可能であると述べている。また，山田・他（監修）（2016: 233）の aunque の項では，「①［事実の譲歩］」の第 3 の用法として「［+ 接続法現在. 事実に関して話者の譲歩］…だとしても」という語釈を与えている。

　しかしどのような条件によって aunque 節に接続法が用いられるのかについては諸説があり，それぞれ一長一短が見られ，必ずしも問題が十分に解決されたとは言えない。そこで次の第 10.2 節では，諸説を概観し，本書の提案との関係を明らかにする。第 10.3 節では aunque 節の使用の実態の一端を示し，実例と本書の提案とがいかに整合するかを見る。第 10.4 節では，インフォーマント調査の結果と本書の仮説の対応を検討する。これらの考察から得られる結論を第 10.5 節に示して，この章をしめくくる。

10.2　aunque 節の叙法選択規則

　aunque 節が接続法をとり，かつ事実を表す用法については，次のような諸説がある。

(表18) 事実を表す aunque 節に接続法が用いられる用法に関する諸説

a.「中和」説:「事実を表す aunque 節では,直説法と接続法の対立は弱まり,中和されている。」(Fernández Álvarez 1984, Sastre 1997) b.「反論用法」説:「事実を表す aunque 節に接続法が用いられるとき,話し手と聞き手の意見対立を示す。」(Galimberti 他 1994, Monjour 2008) c.「情報」説:「事実を表す aunque 節に接続法が用いられるとき,前提となる既知情報,または副次的情報を表す。」(Vallejo 1922, Manteca Alonso-Cortés 1981, Borrego 他 1986, Lunn 1989, Haverkate 1991, Moya Corral 1996, Hickey 1998, Bosque & Demonte 編 1999, Ahern 2008, RAE & ASALE 2009) d.「基本的機能」説:「この用法は接続法の基本的機能から導かれる。」(Togeby 1953, Porto Dapena 1991, Trujillo 1996, Garachana 1999, Hallebeek 2001, Hummel 2004, 和佐 2005, 川口 2012, 三好 2018)

以下では,これらの諸説のうち,(表18c)「情報」説と(表18d)「基本的機能」説に属する考え方を組み合わせた説明が最も妥当であり,かつ本書の提案(表5)と合致することを示す。

まず,(表18a)「中和」説は,言語事実に即しているとは言い難い。第10.3節,第10.4節で見るように,事実を表す aunque 節内では,叙法の使い分けが何らかの原則に基づいて行われていることが明らかな事例が多く,自由交替の状態であるとは考えられない。

次に(表18b)「反論用法」説は,いわゆる「反論の接続法(subjuntivo polémico)」に注目する立場であり,たとえば Galimberti 他 (1994) の説明に見られる。同辞書の aunque の項では,(68)を例に挙げて,「異論への返答に接続法を用いる」と説いている。

(68) Aunque a ti no te **guste,** es muy bonito.
　　　～であっても 君に 否 君に 好かれる (接現3単)　～である (直現3単) とても 美しい
　　　(君は嫌いだろうが,これはとても美しい。)　(Galimberti 他 1994: 76)

相手に反論・抗弁するには,まず相手の意見が明らかにされていなければならない。従ってこの用法は,(表18c)「情報」説に言う「既知情報」を表

す用法の一種と考えることができる。また「反論用法」説は辞書・概説書といった実用性を重んじる著述の中で主張されることが多い。すなわち，この説の提唱者は「話し手と聞き手の意見対立」を当該の構文の唯一的基本機能と見なすわけではなく，頻度が高く記述に値する運用事例として捉えていると考えられる。以上のことから，実用面ではなく理論面では，この説を（表18c）「情報」説に含めても差し支えないと言える。

さて，いま触れた「情報」説には，賛同者が非常に多い。Vallejo（1922: 50）は，内容が真であることが常識的に判断される aunque 節において，いずれの叙法も許される例として（69）を挙げ，ここでの接続法は「ある事実を別の新たな事実と対立させて提示するのではなく，既知の事実であることを踏まえたうえで，無効と見なして排除する」と述べている。接続法が既知情報を表すことがあるという考えを，極めて早い時期に明言しているわけである。この直感的観察は，その後，生成意味論，関連性理論，情報構造といった観点から捉えなおされ今日に至っている。

(69) Lo deshereda, aunque {a. **es** / b. ***sea***}
　　　彼を　相続権を奪う(直現3単)　〜であっても　　〜である(直現3単)/　(接現3単)
　　　su　hijo.
　　　彼の　息子
　　　（彼（A）は，彼（B）が自分の息子であっても，Bには相続権を認めない。）　　　　　　　　　　　　　　　　　　　　（Vallejo 1922: 50）

しかしこの説には，2つ留意すべき点がある。第1は，多くの研究者が用いる「新情報・既知情報」という概念よりも，「主たる情報・副次的情報」という概念を採択すべきだという点である。

(70) —Porque me prestó dinero, y al
　　　なぜなら　私に　貸す(直点3単)　お金　　　そして　〜するとき
　　　prestármelo a mí te lo prestó a ti también.
　　　貸す(不)＋私に＋それを　〜に　私　君に　それを　貸す(直点3単)　〜に　君　〜もまた

―¿A   mí?
　～に 私

―A ti,   a   ti,   a   los dos, aunque   yo solo se   lo
　～に 君 ～に 君 ～に 定 2人 ～であっても 私 ～だけ 彼に それを

pague...,   cuando   pueda   pagárselo
払う（接現1単）～するとき ～できる（接現1単）払う（不）＋彼に＋それを

y   él quiera   admitirlo.
そして 彼 欲する（接現3単）認める（不）＋それを

―¡Ah!, yo no sabía…
　ああ 私 否 知る（直線1単）

（「（このお金はぼくたちのだよ。（筆者補注））なぜなら彼はぼくにお金を貸してくれて，そのときに君にも貸した形になっているから」「私にも？」「そう，君にも。ぼくたち2人に。と言っても返せるようになって，彼がそれを受け取る気になったとき，返すのはぼく1人だけどね」「まあ！知らなかったわ」）

（Felipe Sassone, "Ya tengo veinte años", 上田・編 1984: 854）

　たとえばこの事例では，aunque 節が表す「借金の返済義務は男性だけが負っていること」は，この文脈の中では事実であるが，接続法が用いられている。しかしこの事柄は聞き手にとって既知情報ではない。そのことは聞き手の「まあ！知らなかったわ」という発話から明らかである。ここに pague という接続法が用いられているのは，その部分を際立たせまいとする（つまり主たる情報にしたくない），あるいは断定せずに済ませようとする話し手の配慮によるものではないかと思える。
　RAE & ASALE (2009: I, 1944) は事実を表す aunque 節に接続法が用いられるのは「情報の背景となる部分，すなわちすでに了解されて，あるいは経験されている内容」を表すときであると述べているが，「背景となる部分」，換言すれば副次的情報には，時には新情報も含まれることに留意が必要であろう。
　第2に，「情報」説を採る場合，既知情報と接続法の関わりを重視するあまり，問題を起こすことがある。たとえば Ahern (2008: 72–76) では，

aunque 節の項を，接続法が事実を表す用法から説き起こしており，仮定を表す無標の用法の扱いが小さくなっている。後述するように，aunque 節中の接続法のうち，事実を表す用法は，決して代表的なものではないことを忘れてはならない。

　最後に，(表18d)「基本的機能」説を検討しよう。この中には，当該の用法は，語用論的な理由により，接続法の基本的機能が拡張されたものとする立場が含まれる。たとえば Porto Dapena (1991: 233) は，次の例を挙げて，たとえ事実であっても「謙遜，またはプライバシーを明かしたくない，といった動機」によって接続法が用いられることがあると説く。これは語用論的理由により，接続法を使って断定を緩和する用法だと言うのである。

(71)　Aunque　***tenga***　　dinero, no pienso　　darte
　　　〜であっても 持つ(接現1単) お金　　否 考える(直現1単) 与える(不) + 君に
　　　ni　　　un céntimo.
　　　〜すらない 1 センティモ
　　　(私にはお金があるが，君に1センティモもやるつもりはない。)
　　　　　　　　　　　　　　　　　　　　　　　(Porto Dapena 1991: 233)

　しかしこのような拡張を，この章の冒頭に挙げた (67) のような事例にまで及ぼすのは，無理があるように思われる。(67a) の「おまえは，私に『あなた』という言葉づかいをしている」という箇所は，むしろ聞き手に利する内容であるから断言しても聞き手の心証を害する恐れはない。また，(67b, c) の話し手が自分がスペイン人であると断言したからと言って，隠すべきプライバシーを暴露することになるとは考えにくい。

　一方，Togeby (1953: 15–16) は，事実を表す aunque 節が接続法をとる場合は「仮定や疑惑を示すのではなく，内容が事実であるか否かについての断定を中止しているのである」と説く。Togeby は接続法の基本的機能を「断定の中止」と見なすので，当該の用法は，そこから導かれる自然の帰結ということになる。この考え方は，同書の他の箇所での主張から推して，「当該の aunque 節は文の中心的情報を伝える部分ではない」とも解釈でき，「情報」

説と「基本的機能」説にまたがる見地だとも言える。

　近年は，Togeby (1953) の意見と相通じる着想をもとに，精緻化した提案が生まれている。和佐 (2005: 125) は，事実を表す aunque 節に接続法が用いられる事象を接続法が担う「命題に対する真偽判断を差し控えるモダリティ」によって説明する。川口 (2012: 133) は，この用法では「話者は『aunque 節で表される事態の成立を明示しない』意図を持つ」と説く。

　以上の検討から，次のことが明らかになった。① 諸説のうち，「中和」説には問題がある。②「反論用法」説は「情報」説の中に取り込むことができる。③「主たる情報・副次的情報」という概念を用いるならば，「情報」説には利点が多い。ただし接続法を用いた aunque 節が事実を表す用法は有標的なものである。④「基本的機能」説のうち，「情報」説とも関連する Togeby (1953) の発想は有用である。⑤ ここから，「情報」説と「基本的機能」説に属する考え方を組み合わせた説明が最も有効であると結論できる。

　本書の提案（表 5b）によれば，接続法が用いられるのは，「願望」「疑惑」「前提事実」などを表し，「事実だという断定・主張をしない」働きをする叙法導入辞に導かれる場合である。これは上記のように限定した「情報」説，「基本的機能」説と整合する。aunque 節の叙法選択について本書が提案する説明方法は，次のようにまとめられる。

（表 19）aunque 節の叙法選択規則[46]

a. aunque 節が「事実だと断定し，聞き手にむけて主張する」内容を表す場合，叙法導入辞 aunque は直説法を導入する。
b. aunque 節が「① 疑惑，または② 前提事実を表し，事実だという断定・主張をしない」場合，叙法導入辞 aunque は接続法を導入する。②の場合，aunque 節は主節の情報を支える副次的情報を表す。
c. これらの規則は，本書の提案（表 5）から導かれる。
d. これらの規則は，（表 5c）に則り，主に現代スペインのスペイン語で有効である。

---

[46] 譲歩節を導く語句には aunque の他に，a pesar de que, pese a que, y eso que, si, si bien などさまざまなものがあるが，その叙法選択規則の考察については川口 (2012, 2013, 2014) などに譲り，本書では立ち入らない。

第 10.1 節に挙げた例文（67）は，この規則に従えば，次のように説明される。(67a) では，「おまえは，私に『あなた』という言葉づかいをしている」ことは前提事実であって，話し手はこの内容を主張しようとしているのではない。この副次的情報を支えとして，「おまえは私に敬意を抱いていない」という主たる情報を伝えようとしているから，（表 19b ②）の規則により，aunque 節に接続法が用いられる。(67b, c) では 2 つの可能性がある。まず，「話し手がスペイン人である」ことと「話し手が闘牛が好きではない」ことという 2 つの事柄をともに断定し，主張したい場合は，（表 19a）の規則により，aunque 節に直説法が用いられる。次に，第 1 の事柄を前提事実として踏まえて，第 2 の事柄を断定・主張したい場合には，（表 19b ②）の規則により，接続法が導入される。後者のほうが言語運用の場での必要度が高いので，接続法が好まれる。

10.3　文例収集

　この章では上田・編（1984–1997）を資料として用いる。これは現代スペインの 30 の演劇作品からなる総語数 499,261 の資料である。RAE の電子コーパス CREA などに比べて小規模だが，個々の事例の統語的・意味的特徴を仔細に検討するのに適した，しかも良質の資料として，これを採択した[47]。

　さて，上田・編（1984–1997）には，aunque という語が 258 回出現する。その内訳は次のとおりである。

---

[47]　なお，CREA で aunque を検索すると，Aunque が 24,185 例，aunque が 94,664 例得られる（全地域，全年代。2017 年 3 月 2 日閲覧）。この資料体でも「前位」より「後位」の用例のほうが多いことが分かる。

第 10 章　副詞節 I（譲歩節）

（表 20）上田・編（1984–1997）中の aunque の使用内訳

	前位	中位	後位	単独	計
直説法形態の動詞と	11	3	29	27	70
接続法形態の動詞と	44	14	66	42	166
その他	2	5	10	5	22
計	57	22	105	74	258

「前位」「中位」「後位」とは，順に，aunque 節が文中で他の節より前に位置する場合，他の節の間に挿入されている場合，他の節より後ろに位置する場合を指す。次の例（72a, b, c）を参照。また，「単独」とは，文が aunque 節だけから成る場合を指す。「その他」は，aunque 節に直説法，接続法以外の動詞形態が用いられる場合，または動詞を欠く場合を指し，この章で扱う問題の対象外となる。

(72) a.　（前位）—Aunque　**falta**　　　　mucho tiempo,
　　　　　　　～であっても　時間がある（直現 3 単）大いに　時

　　　¿te acordarás　de　la tortilla　de　patatas? Sabes　　　que
　　　覚える（直未 2 単）～を　定　オムレツ　～の　ジャガイモ　知る（直現 2 単）接続

　　　me gusta　　　　　　frita.
　　　私に　好かれる（直現 3 単）　油で揚げた

　　　—No te preocupes.　Aún falta　　　　　mucho tiempo.
　　　　否　心配する（接現 2 単）まだ　時間がある（直現 3 単）多量の　時間

　　（「（食事まで（筆者補注））まだだいぶ間があるけど，ジャガイモ入りオムレツのことを忘れないでくれ。わしはじっくり油で揚げたのが好みだからな」「だいじょうぶよ。まだたっぷり時間があるわ」）
　　（Carlos Llopis, "¿Qué hacemos con los hijos?", 上田・編 1984–1997: 360）

　　b.　（中位）—Creo　　　que la vida, aunque　　a veces
　　　　　　　　思う（直現 1 単）接続 定 人生　～であっても　ときどき

　　　***amargue*,**　　　es　　　　　un　deber.
　　　苦い味がする（接現 3 単）～である（直現 3 単）不定　義務

（「私が思うに，人生はつらいこともあるけれど，一種の義務のようなものなんだわ」）

（Alejandro Casona, "La barca sin pescador", 上田・編 1984–1997: 48）

c. （後位）—¿Le　　　gusta　　　　　este hotel?
　　　　　　あなたに　好かれる（直現3単）　この　ホテル

　　—(Con　　firmeza.) No.　Pero　lo　　amo,
　　　〜とともに　揺るぎなさ　いいえ　しかし　それを　愛する（直現1単）

　　aunque　　no me **gusta**.
　　〜であっても　否　私に　好かれる（直現3単）

（「あなたはこのホテルが好きなんでしょう？」「（きっぱりと）いいえ，好きではありません。でも愛しているんです」）

（Rodolfo Hernández, "Tal vez un prodigio", 上田・編 1984–1997: 196）

　aunque 節に直説法が現れる事例が 70 であるのに対して，接続法が現れる事例がその 2 倍以上の 166 あることが確認できる。また，直説法，接続法ともに aunque 節が文頭に立つ前位の語順よりも，他の節の後ろに位置する後位の語順の事例が多いことも分かる。これらの aunque 節が表す意味内容は次のとおりである。

（表 21）上田・編（1984–1997）中の aunque 節の意味内容

従属動詞の形態	総数	意味内容	個数
直説法	70	事実を表す	70
接続法	166	a. 仮定を表す	140
		b. 仮言的内容を表す	13
		c. 事実を表す	10
		d. 節中の他の要素の影響を受ける	3

　直説法の事例はすべて事柄を事実として断定的に述べる表現で，特異な例は見当たらない。たとえば先述の例 (72a) では，aunque 節の内容「食事の時

間までだいぶ間がある」ことは事実である．それは聞き手の発言「まだたっぷり時間があるわ」で裏付けられる．(72c) の「私はこのホテルが好きではない」ことは，直前のやりとりから事実であることが確認できる．どちらも，(表 19a) の規則「aunque 節が「事実だと断定し，聞き手にむけて主張する」内容を表す場合，叙法導入辞 aunque は直説法を導入する」に合致する．

次に接続法の事例は，大半 (166 例中 140 例) が仮定を表す (表 21a) の用法に属する．文脈または一般常識から見て明らかに事実を表していると判断できる (表 21c) は 10 例に過ぎず，ここに純然たる仮定か，事実なのか決め難い「仮言的内容」を表す (表 21b) 13 例を加えても，無視すべきではないにせよ，中心的な用法とは言えない[48]．

(73) (仮定) —¡Y si sientes una cornada en el
そして もし 感じる(直現2単) 不定 角による突き 〜に 定

vientre, te sujetas las tripas y matas al
腹 押さえる(直現2単) 定 はらわた そして 殺す(直現2単) 〜を+定

toro como puedas! ¡Y si te caes, aunque
雄牛 〜のように できる(接現2単) そして もし 倒れる(直現2単) 〜であっても

no *puedas* más, te levantas!
否 できる(接現2単) もっと 起きる(直現2単)

(「そして，もし牛の角で腹を突かれたと感じても，はらわたを押さえて，牛を殺せ．そして倒れたら，たとえ無理だと思っても，立ち上がるんだ！」)　(Alfonso Sastre, "La cornada", 上田・編 1984–1997: 814)

たとえば，闘牛士を発奮させようとする発話 (73) では，この時点においては，闘牛はまだ行われておらず，内容はすべて話者の創り上げた架空の事態に過ぎない．aunque no puedas más (たとえ無理だと思っても) は単なる仮

48　なお，(表 21d)「節中の他の要素の影響を受ける」事例とは，aunque 節内に quizá などの叙法導入辞が含まれ，その影響で動詞が接続法形態をとる場合を指す．aunque が叙法導入辞として機能しているわけではないので，本章の対象外である．ただし，この問題に関する川上 (2018: 62–63) の指摘も考慮されねばならない．

定である。これらの用例は，本書の提案（表 19b）の中の「aunque 節が『疑惑を表し，事実だという断定・主張をしない』場合，叙法導入辞 aunque は接続法を導入する」という規則によって説明できる。

（74）（仮言的用法）―Manuel Peláez, para los amigos, Manolo,
　　　　　　　　　マヌエル ペラエス ～にとって 定 友人　　マノロ

　　　y esta señora, aunque me *esté* mal el
　　　そして この 婦人　～であっても 私に ～である（接現3単）悪く 定

　　　decirle, es mi madre.
　　　言う(不)＋あなたに ～である（直現3単）私の 母

　　（「ぼくはマヌエル・ペラエス。友達の間ではマノロの呼び名で通っています。そして，このご婦人は，ちょっと言いにくいんだけど，ぼくの母なんです」）

　　（Juan José Alonso Millán, "El crimen al alcance de la clase media", 上田・編 1984–1997: 421）

　一方，例（74）の aunque 節を「仮に～だとしても」という仮定と考えるのは不自然であるが，事実だとも言い切れない。仮定なのか事実なのかを判然とさせず，あえて断定を避けて「あるいは～であるかもしれないが」という仮言的な表現をすることによって語調を和らげようとしていると考えられる。つまり，（表 18d）「基本的機能」説の提唱者が「語用論的動機によって基本的機能が拡張された用法」とするものに当たると考えることができる。この用法も本書の提案（表 19b）の規則によって無理なく説明される。

　ではいよいよ，この章の対象である事実を表す aunque 節に接続法が用いられる用例の検討に移ろう。

（75）（事実）a.―No puede ser. Aunque lo
　　　　　　　　　否 ありうる（直現3単）～である(不)～であっても それを

　　　haya visto con mis propios ojos, ¡no puede ser!
　　　見る（接現完1単）～で 私の 自身の 目 否 ありうる（直現3単）～である(不)

(「ありえない。自分のこの目で見たとは言え，ありえない！」）
　　（Alejandro Casona, "La barca sin pescador", 上田・編 1984–1997: 32）
b. ─Esa mujer, aunque　***sea***　　　　 tu　tía, no tiene
　　 その　女性　～であっても ～である(接現3単) 君の おば 否　持つ(直現3単)
vergüenza.
恥

(「あの女性は，あなたのおばさんだけど，恥というものを知らないのよ」）　（José López Rubio, "Nunca es tarde", 上田・編 1984–1997: 337）

　(75a) は，主人公が悪魔を目撃した直後の発話である。このできごとは，この演劇作品においては事実であるが，接続法が用いられている。(75b) では，esa mujer（あの女性，Flora）が聞き手 Miguel のおばであることは，作品設定の中での事実である。また，先に挙げた (70) もこの種の事例に属する。
　これらの事例の特徴は，aunque 節の内容が事実であることを主たる情報として聞き手に伝えようとしているのではない点にある。(75a, b) では，改めて言われなくても聞き手も承知している事柄である。(70) の場合は，既知情報ではないが，背景化しておきたい事柄である。話し手は，それらの内容を踏まえたうえで，そのような状況にもかかわらず「私はそれが信じられない」(75a)，「あの女性は恥知らずだ」(75b)，「彼は私たち 2 人にお金を貸してくれた」(70) という事態が生じていることを主たる情報として伝えようとしている。これは，本書の提案（表 19b）の規則，すなわち，「aunque 節が『前提事実を表し，事実だという断定・主張をしない』場合，叙法導入辞 aunque は接続法を導入する。この場合，aunque 節は主節の情報を支える副次的情報を表す」に整合する。
　このように，上田・編 (1984–1997) から得られた対象となる事例は，本書の提案（表 19）で無理なく説明できることが示された。

10.4　インフォーマント調査

　最後に，接続法を用いた aunque 節が事実を表す用法の容認度に地域差が

あることをインフォーマント調査で明らかにし，その結果が本書の提案（表19）と合致することを示す。

資料には，第9章でも用いた髙垣・他（2004, 2008, 2011, 2014）の研究成果の一部を利用する。用いた文は先述のFernández Álvarez（1984）が挙げる例文（67b, c）をもとにした（76a, b）および（76c, d）のような同類の文である。

(76) a, b. Claro que soy   español, pero aunque
         もちろん 接続 ～である(直現1単) スペイン人 しかし ～であっても

    {a. **soy**   / b. *sea*}   español no me gustan
     ～である(直現1単)/ (接現1単) スペイン人 否 私に 好かれる(直現3複)

    los toros.
    定 雄牛

    (もちろん私はスペイン人だが，スペイン人なのに闘牛が好きではない。)

    c, d. Aunque   {a. **soy**   / b. *sea*}   argentino   no me
         ～であっても ～である(直現1単)/ (接現1単) アルゼンチン人 否 私に

    gusta   la carne.
    好かれる(直現3単) 定 肉

    (私はアルゼンチン人なのに肉が好きではない。)

スペインでの調査には（76a, b）を用いた。（67b, c）の前にclaro que soy español（もちろん私はスペイン人だが）という表現を補って，aunque節の内容が事実であることを明瞭にしたものである。また，ラテンアメリカでは，回答者の共感をうながすべく，（76c, d）や「私はメキシコ人なのにモレが好きではない」，「私はコロンビア人なのにサンコチョが好きではない」など，各国の代表的な料理を話題にする文を用いた。調査の結果は，以下のとおりである。

(表22) aunque 節を用いた文の容認度（スペイン）

文＼回答者数	Aを選択	Bを選択	Cを選択	計
(76a)（直説法）	107 (53%)	81 (40%)	15 (7%)	203
(76b)（接続法）	184 (89%)	20 (10%)	2 (1%)	206

(A:「私もこのように言う」，B:「私は言わないが，他人がこう言うのを聞いたことがある」，C:「私は言わないし，他人がこう言うのを聞いたこともない」という選択肢を選んだ回答者数)　　　　　　　　　　　　　　　　（高垣・他 2004: 44–45, 2014: 42–43）

(表23) aunque 節を用いた文の容認度（ラテンアメリカ）

文＼回答者数		Aを選択	Bを選択	Cを選択	計
(76c)	（直説法）	254 (83%)	44 (14%)	8 (3%)	306
	メキシコ	16	2	3	21
	コスタリカ	23	0	0	23
	キューバ	18	0	1	19
	プエルトリコ	13	8	1	22
	ベネズエラ	24	1	0	25
	コロンビア	23	1	1	25
	エクアドル	22	1	0	23
	ペルー	17	6	0	23
	ボリビア	26	13	1	40
	チリ	25	0	0	25
	アルゼンチン	15	5	0	20
	パラグアイ	14	5	1	20
	ウルグアイ	18	2	0	20
(76d)	（接続法）	150 (50%)	118 (39%)	35 (12%)	303
	メキシコ	9	7	5	21
	コスタリカ	13	8	2	23
	キューバ	8	8	2	18
	プエルトリコ	14	6	2	22
	ベネズエラ	9	13	3	25
	コロンビア	8	14	3	25
	エクアドル	13	5	5	23
	ペルー	7	13	2	22

ボリビア	15	18	7	40
チリ	15	7	3	25
アルゼンチン	10	10	0	20
パラグアイ	14	6	0	20
ウルグアイ	15	3	1	19

(A, B, C:〈表 22〉に同じ)　　　　（高垣・他 2008: 104–105, 2011: 147–148, 2014: 42–43）

　〈表 22〉によれば，スペインのスペイン語話者は，直説法を用いた（76a）よりも，接続法を用いた（76b）を好むことが分かる。一方，〈表 23〉によれば，ラテンアメリカの話者は，全体としてみれば，接続法を用いた（76d）よりも，直説法を用いた（76c）を優位に置くことが確認できる。ただしどちらの場合も，一方が全く受け入れられないということではない。

　興味深いことに，スペインとラテンアメリカとで，回答 A，B，C 選択の比率が，直説法・接続法についてほぼ反対になる。すなわち，スペイン人が直説法を容認する度合である「A 53%，B 40%，C 7%」は，ラテンアメリカの人々が接続法を容認する度合「A 50%，B 39%，C 12%」と近似している。一方，スペイン人は接続法を「A 89%，B 10%，C 1%」という度合で容認するが，ラテンアメリカの人々は直説法を，それとよく似た「A 83%，B 14%，C 3%」という比率で容認する。

　このような対照的な差異は，被験者の自由回答にも現れる。あるスペイン人被験者は「私は普通は接続法を使って表す。直説法は強調したいときに使う」と述べている（高垣・他 2004: 165）。これに対してラテンアメリカの被験者からは，「接続法で表現するのを聞くこともあるが，一般には直説法を使う」（ベネズエラ人，高垣・他 2011: 277），「直説法とは違って，接続法の場合は仮定の意味になる」（チリ人，高垣・他 2008: 223）といった回答が得られる。

　この地域差は，すでに見た感情節（第 7 章），思考節の疑問文（第 8 章），el hecho 節（第 9 章）における叙法選択と同様のものである。つまりラテンアメリカのスペイン語では，「事実を表すときには直説法を用い，仮定を表すときには接続法を用いる」という，単純な規則が力を持っていると考えられ

る。本書では(表 19)「aunque 節の叙法選択規則」を提案したが，その中で，「これらの規則は(表 5c)に則り，主に現代スペインのスペイン語で有効である」という断りを設けたのは，この地域差に着目したからである。

10.5　結論

　この章では，本書の提案(表 5)が副詞節における叙法選択にも適用できることを示すため，aunque 節，すなわち aunque（〜であっても）を冠し，譲歩を表す副詞節を対象とした。そして① 最近は aunque 節が事実を表す場合に接続法を用いる用法が注目されているが，実際にはこの用法はそれほど使用頻度が高くないことを示した。また，② この用法は「既知情報」の概念で説明されることが多いが，それだけでは不十分であることも指摘した。さらに，③ この用法はラテンアメリカのスペイン語ではあまり顕著ではないことを示した。これらの言語事実を確認したうえで，それに無理なく対応する叙法選択規則として，提案(表 5)から導かれた規則(表 19)を提出した。

第11章

副詞節Ⅱ（結果節）[49]

11.1 de ahí que 節

　スペイン語には，de aquí que（これゆえに～），de ahí que（それゆえに～），de allí que（あれゆえに～），de donde que（そこゆえに～）という語句に導かれる節・文形式がある。あとに見るように，この中では de ahí que が最も使用頻度が高い。これらは，たとえば A, de ahí que B. または A. De ahí que B. のように，主述構造 A と B の間に介在する位置で用いられ，「A という原因ゆえに B という結果が生じる」ことを表す。A. De ahí que B. の場合，De ahí que B. は文であるが，従属節を導く接続詞 que を必要とすることから，従属節に近い性質を持っていると言える。

　そこで本書では，これらの形式を「de ahí que 節」と総称し，個別に指し示す必要があるときは，それぞれ「aquí 節」，「ahí 節」，「allí 節」，「donde 節」と呼ぶことにする。また，これらのように，できごとの結果を表す節を「結果節」と呼ぶことにする。

　結果節を導く句には他に luego, así que, conque（いずれも「それゆえに～」）などがあり，またできごとの結果を表す句には por eso, por consiguiente, por tanto（いずれも「だから～，従って～」）などがあるが，これらはすべて直説

---

[49] この章は福嶌（1993）を基礎に，その後の研究動向と最新の言語資料を採り入れて書き改めたものである。

116 | 第11章　副詞節Ⅱ（結果節）

法を導く。また de modo que, de manera que, de forma que は接続法も導くが，この場合は「だから」ではなく「～するために」という目的を表し，結果節ではない。ところが de ahí que 節は，結果節でありながら接続法をとることが多い。次の例を見てみよう。

(77) a. Por otro lado, como señala Ubersfeld, el actor inmóvil
　　　　一方では　　　　　～のように 示す（直現3単）ユベルスフェルト 定 俳優 不動の
　　　　focaliza la atención del espectador, lo cual
　　　　焦点化する（直現3単）定 注意 ～の＋定 観客 定 関
　　　　favorecería la atenta escucha de lo que éste dice. (…).
　　　　利する（直過未3単）定 注意深い 聴くこと ～の 定 関 これ 言う（直現3単）
　　　　En resumen, la representación escénica de lo que sus personajes
　　　　要するに　　定 上演　　　　 舞台の ～の 定 関 その 登場人物
　　　　programan tiende al estatismo, de
　　　　企てる（直現3複）～の傾向がある（直現3単）～に＋定 静止状態 ～から
　　　　ahí que el más pequeño gesto o movimiento *sea*
　　　　そこ 接続 定 最も 小さい 仕草 または 動作 ～である（接現3単）
　　　　significativo y *adquiera* momentos de intensa emoción.
　　　　意味がある そして 得る（接現3単）瞬間 ～の 激しい 感動
　　　　（一方，ユベルスフェルトが説くように，俳優が動かずにいると，観客の注意を惹きつけ，台詞を懸命に聞き取ってもらえるという利点がある。(…) 要するに，彼女の作品の登場人物の演技では，動作を抑制しようとする傾向にある。ほんのわずかな仕草や動きが意味を持ち，深い感動の瞬間を生み出すのは，そのためだ。）
　　　　　　　　　　　(*Stichomythia* 誌 1, Universitat de València, 2002, Valencia)
　　b. Si no existiera el FCI, Madrid recibiría
　　　　もし 否 存在する（接過3単）定 地域格差解消基金 マドリード 受ける（直過未3単）
　　　　el 19,1% del total de la inversión pública real regionalizable,
　　　　定 ～の＋定 全体 ～の 定 投資 公共の 実際の 地方に与えうる

11.1 de ahí que 節 | 117

es decir, 3,2 puntos más que toda Andalucía.
つまり　　　ポイント より多い ～より 全　　アンダルシア

Sin embargo, por el efecto redistribuidor, teniendo
しかし　　　　～によって 定 結果　再配分の　　　　持つ(現分)

en cuenta cifras destinadas al FCI,
～に 考慮　数値　割り当てる(過分) ～に＋定 地域格差解消基金

las inversiones correspondientes a Madrid supondrán
定　投資　　　対応する　　　　～に マドリード 想定する(直未3複)

en 1984 el 14,4% del total regionalizable. De ahí que
～に　　　　定　　～の＋定 すべての 地方に与えうる ～から そこ 接続

la comunidad madrileña *pierda* 4,7 puntos
定　自治州　　マドリードの　失う(接現3単)　　ポイント

con respecto a lo que hubiera recibido si el proceso
～に関して　定 関　受け取る(接過完3単) もし 定　過程

autonómico no hubiera previsto la redistribución de recursos
自治体の　　否 予見する(接過完3単)定 再配分　　～の 資源

de las zonas mejor dotadas a las peor dotadas.
～の 定　値域　より良く 恵まれた ～へ 定 より悪く 恵まれた

(地域格差解消基金がなければ，マドリード州は，地方に配分できる公共投資の実質の 19.1% を受け取ることができたはずだ。これはアンダルシア州全体を 3.2% 上回る額だ。しかし富の再配分を進める方針により，地域格差解消基金に割り当てられた金額を考慮して，1984 年にマドリード州に充てられる投資は地方投資総額の 14.4% と見込まれている。地方自治が，豊かな地域の財源を貧しい地域に再配分するという方針をとらなかったならば，マドリード州が本来受け取るはずの額が，4.7% 削られたのは，そういうわけだ。)

(*El País* 紙，1984 年 6 月 2 日，Madrid)

(77a) の de ahí que 節は「ユベルスフェルトが手掛ける戯曲では，ほんのわずかな仕草や動きが意味を持ち，深い感動の瞬間を生み出す」という内容

であり，仮定や願望ではなく，現実のできごととして述べられている。また (77b) の de ahí que 節は「マドリード州が本来受け取るはずの公共投資額を 4.7% 削減された」という内容である。その前の文脈で「マドリード州は 19.1% を受け取る資格があったのに，実際には 14.4% しか受け取れなかった」と述べられているので，de ahí que 節の内容は明らかに現実である。

このように，現実を表すときも接続法をとる事例が多く見られる de ahí que 節は，「接続法は仮定や願望など，現実ではない事柄を表す」とする従来の考え方の反例となる。Bosque & Demonte 編 (1999: 3297) では，この用法は「伝統的に『変則的 (anómalo)』と見なされてきた」と述べている。次の第 11.2 節では，研究者たちがこれまで，この問題をどのように扱ってきたのかを振り返り，第 11.3 節と第 11.4 節では，電子コーパスを用いて de ahí que 節の使用実態を調べ，本書の提案によってこの問題が解決できないか検討してみよう。

11.2　de ahí que 節の叙法選択規則

de ahí que 節が接続法をとる現象について，Bosque & Demonte 編 (1999: 3297–3298) によれば，かつては，意味的には説明のつかない定型表現と見なす立場があったという[50]。また Porto Dapena (1991: 207–208) は，de ahí que のあとに deducir (推測する) のような動詞が省略されていると説き，この用法は「接続法の本来の機能が失われた『中和 (neutralización)』用法」であるとして，次の2つの文は同義であると述べている。

(78)　Estaba　　　sumamente aburrido en　la fiesta;　{a. por eso
　　　〜である（直線3単）非常に　　　退屈な　　〜で 定 パーティー　〜で それ

　　　se　**fue**　　/ b. de　ahí　que　se　***fuera***}　　tan　　pronto.
　　　再帰 行く（直点3単）/　〜から そこ 接続 再帰 行く（接過3単）そんなに 早く

　　　（彼はそのパーティーで非常に退屈したので，早めに帰った。）

50　なお，Bosque & Demonte 編 (1999: 3297) はその例として Vallejo (1922) を挙げているが，この論文にはそのような言及が見当たらない。

11.2 de ahí que 節の叙法選択規則

(Porto Dapena 1991: 208)

　一方では，この問題を情報構造の観点から捉えようとする試みが生まれた。たとえば Borrego 他 (1986: 59–60) は (79a, b) という2つの文は意味が異なると説いている。

(79)　El cine estaba vacío; {a. por eso me **salí**　/
　　　定　映画館　～である(直線3単) 空の　　～で それ 再帰 去る(直点1単)/

　　　b. de ahí que me *saliera*}.
　　　　～で それ 接続 再帰 去る(接過1単)

　　　(その映画館はがらがらだった。{a. それで私は出て行った / b. そういうわけで私は出て行ったのだ}。)　　　(Borrego 他 1986: 59–60)

　Borrego 他によれば，(79a) の話し手は「私が出て行った」ことを新しい情報として伝えようとしているのに対して，(79b) の話し手は，その事柄は聞き手もすでに知っているか，または話題の中心に置くのが適当ではないと判断していると言う。(78a, b) と (79a, b) は，文構成においても内容においてもよく似た対であるが，母語話者の判断がこのように分かれるわけである。
　その後は，情報構造による説明が一般的となった。Bosque & Demonte 編 (1999: 3297–3299) は Borrego 他 (1986) の説明を踏襲し，de ahí que 節に接続法が用いられるのは，表す内容が既知情報だからだと説く。また，この節が情報の焦点となる場合は，直説法が用いられると言う。次の例を参照されたい。

(80)　De ahí que la única salida posible {a. **es**　　　　/
　　　～で それ 接続 定 唯一の 解決法 可能な　　～である(直現3単)/

　　　b. *sea*} aceptar su propuesta.
　　　～である(接現3単) 受け入れる(不) 彼(女)の 提案

　　　(a. だから唯一の可能な解決法は，彼の提案を受け入れることだ。/ b. 彼の提案を受け入れるのが唯一の可能な解決法だというのは，そうい

うわけだ。）　　　　　　　　　　　　　（Bosque & Demonte 編 1999: 3298）

　RAE & ASALE（2009: 1947–1948）も同様に，de ahí que 節が情報の背景（trasfondo temático）を表すときに接続法が用いられ，新情報（información nueva）を表すときに直説法が用いられると説く。また，「主として接続法が用いられるが，直説法の使用も散見される」（p. 1947），「implicar（暗示する）のような動詞が陰在しているとも考えられる」（p. 1948）とも述べている[51]。
　これらの先行研究のうち，情報構造の観点から問題を捉えようとする Borrego 他（1986），Bosque & Demonte 編（1999），RAE & ASALE（2009）の立場は，本書の提案（表 5）と軌を一にする。（表 5）では，事実だと断定し，聞き手にむけて主張する場合には直説法が用いられ，「前提」などを表し，事実だという断定・主張をしない叙法導入辞に導かれる場合には接続法が用いられると規定した。de ahí que を主として「事実だという断定・主張をしない」叙法導入辞として働く語形式だと考えれば，それによって導入される動詞が通例，接続法になることが説明できる。また，その場合 de ahí que 節の内容は，それ自体が主たる情報ではなく，別の情報を伝えるための「前提」であるということになる。
　すなわち，簡略化して言えば，因果関係のうち，「結果」を主たる情報として伝えたいときには，de ahí que 節に直説法を用い，「原因」を主たる情報として伝えたいときには，de ahí que 節に接続法を用いる，ということになる。これを整った形で述べるならば，de ahí que 節の叙法選択について本書が提案する説明方法は，次のように定式化できる。

---

[51] なお，de ahí que 節を扱った研究には，他に Álvarez Menéndez（1991），Domínguez García（2000）などがある。前者は de ahí que という語連鎖が一体化した成句ではないことを示し，後者は de ahí que 節と原因・結果の関係を論じたもので，叙法選択には直接の言及はない。

（表24）de ahí que 節の叙法選択規則

a. de ahí que 節が「事実だと断定し，聞き手にむけて主張する」内容を表す場合，叙法導入辞 de ahí que, de aquí que, de allí que, de donde que は直説法を導入する。
b. de ahí que 節が「前提事実を表し，事実だという断定・主張をしない」場合，叙法導入辞 de ahí que, de aquí que, de allí que, de donde que は接続法を導入する。このとき de ahí que 節は主節または直前の文の情報を支える副次的情報を表す。
c. これらの規則は，本書の提案（表5）から導かれる。
d. これらの規則は，（表5c）に則り，主に現代スペインのスペイン語で有効である。

　この規則に従えば，第11.1節で挙げた実例（77a, b）の de ahí que 節が現実を表すにもかかわらず接続法を使用していることは，次のように説明できる。まず（77a）の de ahí que 節の内容の骨子は，「俳優が動かずにいると，観客の注意を惹きつけ，台詞を懸命に聞き取ってもらえる」という先行の文ですでに述べられており，読者にとっては既知の情報である。この文章の筆者は，それを踏まえて，「ユベルスフェルトの作品の登場人物の演技では，動作を抑制しようとする傾向にある」ことを訴えようとしている。

　次に（77b）では，「マドリード州が本来受け取る19.1%から14.4%へと減額された」と述べられたあと，de ahí que 節で「マドリード州は4.7%の減額を被った」と，実質的に同一の内容が繰り返される。この既知情報を踏まえて，「その原因は，地方自治が，豊かな地域の財源を貧しい地域に再配分するという方針を採ったからだ」という主たる主張が de ahí que 節の直前の文で行われている。

　これらの例で，仮に de ahí que を por eso（だから）などで置き換えると，それに続く節の内容が背景化できなくなり，同一内容を繰り返し主張する不自然な談話になってしまう。ここでは de ahí que は，por eso などの他の結果を表す句とは明らかに異なる機能を果たしている。以上の理由から，（77a, b）ともに，（表24b）の規則により，de ahí que 節には接続法が導入される。

　本書の提案が，第11.1節で挙げた実例を無理なく説明できることを確認

した。しかしなおいくつか疑問が残る。第1に，(77a, b) 以外の実例，特に de ahí que 節に直説法が用いられた例にも対応できるだろうか。第2に，先行研究では，de ahí que のあとに deducir（推測する）などの動詞が陰在する可能性が指摘されていたが，その考え方は妥当だろうか。第3に，ahí 節，aquí 節，allí 節，donde 節の間に用法上の違いはないだろうか。次の節では，これらの疑問を解く手がかりとして，電子コーパスから得られた実例を検討しよう。

11.3 文例収集

電子コーパス CREA で得られる de ahí que 節の事例をすべて調べたところ，ahí 節 2933 件，aquí 節 307 件，allí 節 499 件，donde 節 2 件，計 3,741 件という結果だった[52]。その内訳は以下のとおりである。

(表 25) CREA における de ahí que 節の使用状況

	ahí 節 (直)	ahí 節 (接)	aquí 節 (直)	aquí 節 (接)	allí 節 (直)	allí 節 (接)	donde 節 (直)	donde 節 (接)	総計 (直)	総計 (接)	計
全地域	561 ←	2,372 2,933 →	68 ←	239 307 →	176 ←	323 499 →	0 ←	2 2 →	805 (22%)	2,936 (78%)	3,741
スペイン	188 ←	1,592 1,780 →	36 ←	149 185 →	2 ←	7 9 →	0 ←	2 2 →	226 (11%)	1,750 (89%)	1,976
スペイン以外	373 ←	780 1,153 →	32 ←	90 122 →	174 ←	316 490 →	0 ←	0 0 →	579 (33%)	1,186 (67%)	1,765
「スペイン以外」の内訳											
アメリカ	3	17	0	0	0	1	0	0	3	18	21
メキシコ	90	278	14	37	9	45	0	0	113	360	473
グアテマラ	16	15	3	0	4	4	0	0	23	19	42
エルサルバドル	8	7	0	0	5	1	0	0	13	8	21
ホンジュラス	4	2	0	1	0	0	0	0	4	3	7

---

[52] 最終閲覧 2017 年 9 月 1 日。なお CREA にはフィリピンの言語データも含まれているが，de ahí que 節の事例が皆無だったので，考察対象にはならなかった。

ニカラグア	10	4	0	0	3	3	0	0	13	7	20
コスタリカ	15	21	0	1	3	3	0	0	18	25	43
パナマ	1	5	0	0	3	1	0	0	4	6	10
キューバ	18	65	2	6	0	0	0	0	20	71	91
ドミニカ共和国	7	17	1	0	0	1	0	0	8	18	26
プエルトリコ	4	16	1	15	0	0	0	0	5	31	36
ベネズエラ	16	33	1	12	46	73	0	0	63	118	181
コロンビア	30	57	2	4	10	21	0	0	42	82	124
エクアドル	10	10	0	0	5	2	0	0	15	12	27
ペルー	11	18	2	4	24	38	0	0	37	60	97
ボリビア	22	11	0	0	3	2	0	0	25	13	38
チリ	40	96	5	3	19	28	0	0	64	127	191
アルゼンチン	58	81	0	7	37	91	0	0	95	179	274
パラグアイ	6	3	0	0	3	0	0	0	9	3	12
ウルグアイ	4	24	1	0	0	2	0	0	5	26	31

（（直）：直説法，（接）：接続法。数値は事例の個数。かっこ内の％は直説法の事例と接続法の事例の比率を小数点1位で四捨五入した数値）

　この表から，次の2点が明らかになる。第1に，各種の de ahí que 節のうち，ahí 節の使用が圧倒的に多い。allí 節はスペインではほとんど用いられないが，ラテンアメリカでは，キューバなどを除いて，よく使用される。donde 節の例はわずかだが，皆無ではない。

　第2に，接続法だけでなく直説法の事例も一定数見られる。叙法選択の地域差が認められ，スペインよりもラテンアメリカのほうが直説法の許容度が高い。スペインでは直説法と接続法の比率が約11％対89％であるのに対して，ラテンアメリカでは約33％対67％と，明らかな差異が見られる。特に，グアテマラ，エルサルバドル，ホンジュラス，ニカラグア，エクアドル，ボリビア，パラグアイでは，総数が少ないとは言え，直説法の事例が接続法の事例を上回っている。

　では，得られた資料の事例のいくつかに，本書の提案する叙法選択規則（表24）を適用して，規則の妥当性を検討しよう。まず ahí 節に接続法が用いられた事例を，スペイン（例文（81））とラテンアメリカ（コロンビア）（例

文 (82)) から 1 つずつ取り上げる。

(81)　(Pregunta) ¿Es　　　　　posible que no los
　　　　　問い　　　～である（直現 3 単）可能な　接続　否　それらを
　　　　reconozca　　　como　archivo de　imagen?
　　　　認識する（接現 3 単）　～として　ファイル　～の　画像
　　　　(Respuesta) Lo más probable　es　　　　que se
　　　　　答え　　　定　最も　蓋然性のある　～である（直現 3 単）接続　再帰
　　　　hayan alterado　las asociaciones asignadas　a　estos
　　　　変える（接現完 3 複）定　関連づけ　　指定する（過分）～に これらの
　　　　archivos gráficos, de　ahí que el sistema ya　no los
　　　　ファイル　画像の　　～の そこ 接続 定 システム もう 否 それらを
　　　　reconozca.
　　　　認識する（接現 3 単）
　　　　（問い：（私のパソコンが）それら（アイコン）を画像のファイルとして認識しなくなったということがありうるでしょうか？　答え：最も考えられるのは、画像ファイルに指定された関係づけが変更されたということです。だからシステムがそれらを認識しなくなったのでしょう。）（「Pregunta 問い」「Respuesta 答え」および和訳のかっこ内の補足は筆者）　　　　　　　　　(*El País* 紙, 2003 年 5 月 1 日, Madrid)

　これは、パソコンの使用に関する新聞紙上での質問と回答の欄から得られた例である。de ahí que 節の内容は問いの文とほぼ同一であり、質問者にとって既知の情報である。回答者はこの内容を質問者に伝えようとしているのではなく、それを前提として、それに先行する「指定された関係づけが変更された」ことを伝えようとしている。de ahí que 節に接続法が使用されることが、本書の規則（表 24b）で無理なく説明できる。

(82)　La lectora Ana Cristina　Santizábal,　de　Santa Fe de Bogotá,
　　　　定　読者　アナ　クリスティナ サンティサバル　～の　サンタ・フェ・デ・ボゴタ

11.3 文例収集 | 125

pregunta   si   es   válida la expresión
尋ねる(直現3単) 〜か 〜である(直現3単) 有効な 定 表現

"Clinton   fue   electo", que ha oído   en la
 クリントン 〜である(直点3単) 選ぶ(過分) 関 聞く(直現完3単) 〜で 定

radio en los últimos días.
ラジオ 〜で 定   最近の   日

Respuesta: El verbo *elegir* tiene   dos participios pasados
答え   定 動詞   選ぶ   持つ(直現3単) 2   分詞   過去の

o   pasivos: *elegido* y   *electo*. De   ahí que unos reporteros
または 受動の   〜と   〜から そこ 接続 不定 記者

digan   "fue   elegido" y   otros "fue
言う(接現3複) 〜である(直点3単) 選ぶ(過分) そして 他の 〜である(直点3単)

electo".
選ぶ(過分)

(サンタ・フェ・デ・ボゴタ市在住の本紙の読者アナ・クリスティ
ナ・サンティサバルさんから，「最近ラジオでよく耳にする『Clinton
fue electo（クリントンが選ばれた）』という表現は正しいのでしょう
か？」という質問が寄せられた。回答：elegir（選ぶ）という動詞の過
去分詞（受動分詞）は elegido と electo の 2 種類あります。だから報道
記者によって fue elegido（選ばれた）という人もあれば，fue electo（選
ばれた）という人もあるのです。）

(*El Tiempo* 紙，1996 年 11 月 11 日，Bogotá)

　これも新聞紙上での質問と回答の欄から得られた例で，de ahí que 節の内
容は質問者が十分承知している事柄であり，これが回答の主眼ではない。こ
の文の主たる情報は，その直前の「elegir（選ぶ）という動詞には 2 種類の過
去分詞がある」という内容である。de ahí que 節はそれを伝えるための前提
事実を表すに過ぎない。規則（表 24b）によって，ここに接続法が使用され
ることが裏付けられる。
　次に ahí 節に直説法が用いられた事例を，スペインとラテンアメリカ（チ

リ) から1つずつ取り上げて検討しよう。

(83) Dos hijas emparentaron   con la familia imperial rusa,
    2   娘   姻戚になる(直点3複) ～と 定 家族   皇帝の   ロシアの

    los Romanov, una contrajo   matrimonio con el último rey
    定 ロマノフ 1人 行う(直点3単) 結婚   ～と 定 最後の 王

    italiano Vittorio Emanuele; otra se casó   con el rey
    イタリアの ヴィットリオ エマヌエーレ 他 結婚する(直点3単) ～と 定 王

    serbio Petar Karadjordevic. De   ahí, que ayer **estaba**
    セルビアの ペタル カラジョルジェヴィチ ～から そこ 接続 昨日 ～である(直線3単)

    presente en el funeral la concentración más densa   de
    出席した ～に 定 葬式   定 集結   最も 密集した ～の

    la sangre azul jamás   visto   en el suelo yugoslavo.
    定 血   青い 決して～ない 見る(過分) ～で 定 地   ユーゴスラビアの

    (モンテネグロ王ニコラ1世の子どもたちのうち) 2人の娘はロシア・ロマノフ家の皇室に縁づいた。1人の娘はイタリアの最後の王ヴィットリオ・エマヌエーレと婚姻関係を結んだ。また別の娘はセルビア王ペータル・カラジョルジェヴィチと結婚した。それで昨日，(ニコラ1世の) 葬儀には，ユーゴスラビアの地ではかつてないほど数多くの王侯貴族が集まっていた。) (*El País*紙，1989年10月2日，Madrid)

(84) Se ha visto   que el fierro, el acero y   la madera
    再帰 見る(直現完3単) 接続 定 鉄   定 鋼鉄 そして 定 木材

    son   buenos antisísmicos. También debe
    ～である(直現3複) 良い 耐震材   ～もまた ～すべきである(直現3単)

    tomarse en cuenta la calidad del   terreno. El suelo arenoso,
    とる(不・再) ～に 考慮   定 質   ～の+定 土地   定 地面 砂の

    pantanoso, no es   seguro. De ahí que la gente que
    湿地の   否 ～である(直現3単) 安全な ～から そこ 接続 定 人々 関

    quiere   construir sus casas en la playa o   sobre
    欲する(直現3単) 建てる(不) 彼らの 家 ～に 定 海岸 または ～の上に

pilotes para   tener   una mejor   vista, **debe**
杭　　～のために　持つ(不) 不定　より良い　眺め　～べきである(直現3単)

pagar   el precio del   riesgo.
払う(不) 定 値　　～の＋定 危険

（鉄，鋼鉄，木材は耐震に優れていることが分かっている．また土地の質も考慮に入れなければならない．砂地や湿地は安全ではない．だからいい眺望を得ようとして海岸に家を建てる人や，ピロティ形式の家を建てる人はリスクを負わねばならない．）

(*Revista Hoy* 誌，1985 年 3 月 18～24 日，Santiago de Chile)

　(83) は，姻戚外交を行い「ヨーロッパの舅」の異名のあったモンテネグロ王ニコラ 1 世が 1921 年に没したときのことを扱った文である．「その葬儀には各国の王侯貴族が参列した」という de ahí que 節の内容は，この文脈では新情報であり，筆者はこの内容が事実であると断定し，読者にむけて主張しようとしていると見るのが自然である．また，(84) は耐震家屋についての説明の一部である．「砂地や湿地は地盤が危うい」という文に続いて，その帰結が de ahí que 節で示されている．「海岸の建築やピロティ形式の建築は耐震上危険を伴う」という帰結の内容はここで初めて述べられているから，筆者はこれを主たる情報として読者にむけて伝えようとしていると解釈するのが無理がない．どちらの事例でも de ahí que 節に直説法が用いられることは，規則 (表 24a) に合致する．

　最後に aquí 節の事例 (スペイン) を 1 つ，allí 節の事例 (ラテンアメリカ (ベネズエラ)) を 1 つ検討しよう．

(85) La niña despertaba   en la madre de Daniel, el Mochuelo, el
　　　定 少女 起こす(直線3単) ～に 定 母　　～の ダニエル 定 みみずく　定

instinto de   la maternidad prematuramente truncada. (…) Su
本能　　～の 定 母性　　　　早熟に　　　　　歪める(過分)　　彼女の

vientre, pues, envejecía   sin   esperanza. De   aquí que
腹　　　つまり 老いる(直線3単) ～なしに 希望　　　 ～から ここ 接続

la madre de　Daniel, el　Mochuelo,　*sintiese*　　　　hacia la pequeña
定　母　　～の　ダニエル　定　みみずく　　感じる(接過3単)　～へ　定　小さな

huérfana una inclinación casi　　　maternal.
孤児　　不定　傾向　　　　　　ほとんど　母性的な

（みみずくダニエルの母は，その少女を見ていると，早々と断ち切られた母性本能が目覚めてきた。（…）つまり彼女の腹は妊娠の望みのないまま老いているのだった。みみずくダニエルの母がその孤児の少女に，まるで本当の母親のような気持ちを抱いたのは，そういうわけだ。）（Miguel Delibes, *El camino*, Destino, Barcelona, 1950, pp. 113-114）

(86)　Todo　　acto de　　la justicia　venezolana　es　　　　　　　sospechoso,
　　　　すべての　行為　～の　定　裁判　　ベネズエラの　～である(直現3単)　疑わしい

　　　(...) La característica del　　　país es　　　　　　la carencia
　　　　　　　　　定　特徴　　　　～の＋定　国　～である(直現3単) 定　欠如

de　justicia. Somos　　　　un　Estado de　Derecho sin
～の　公正な裁き　～である(直現1複)　不定　国家　　～の　法律　　　～なしの

justicia. Somos　　　　　　una democracia sin　　justicia.
公正な裁き　～である(直現1複)　不定　民主主義　　～なしの　公正な裁き

De　allí　que la inseguridad *sea*　　　　total. Nadie
～から　あそこ　接続　定　不安　　　　～である(接現3単)　完全な　誰も～ない

está　　　　　　seguro a　 la hora de　litigar.
～である(直現3単)　安心な　～に　定　時　～の　訴訟する(不)

（ベネズエラの裁判は何もかも信頼できない。（…）この国の特徴は公正な裁きが存在しないことだ。この国は公正な裁きのない法治国家だ。この国は公正な裁きのない民主主義国家だ。だから全く安心できないのだ。訴訟になった場合，公正な裁きを安心して待つ者など誰もいない。）　　　　　　　　　（*El Universal*紙，1999年4月6日，Caracas）

(85) はスペインの小説の一節である。「ダニエルの母はある少女に母親のような愛情を感じていた」という aquí 節の内容は，最初の文をほぼ反復したものであり，読者にとっては既知の情報である。この部分は前提事実

であって,「ダニエルの母は子どもがほしいのに望めない」ことがその原因である,という前文に情報の比重が置かれている。規則（表 24b）によれば,作者は, de ahí que 節の内容を断定・主張する意図がないことを,接続法の使用によって示していると見ることができる。次に (86) はベネズエラの日刊紙の記事である。ここでも allí 節の内容は冒頭の文の内容をより直截的に述べたものであって,読者には既知の事柄である。この文の筆者が訴えたいのは, allí 節の直前に 3 つの文を並べて強調する「この国では公正な裁きが期待できない」という主張であり, allí 節はそれを導くための前提となる事柄を表している。ここに接続法が用いられることは,規則（表 24b）によって説明される。

　以上のように,規則（表 24a, b）は多くの叙法選択の実態に合致している。無論, de ahí que 節の内容が断定・主張されているのか,そうでないのかの判断のつきにくい事例も存在するが,少なくとも上述の (81)～(86) に関しては,直説法・接続法の使い分けが意味の違いを生み出していることは明らかであり, Porto Dapena (1991) が言うような「中和」の状態にはない。

　de ahí que 節は,他の結果節や結果表現とは異なり,原因に焦点を当て,結果を背景化して表現することができるという特徴を持つ。従って接続法を選ぶのが無標の用法であると考えられ,現にスペインのスペイン語では, de ahí que 節の直説法と接続法の使用比率は 11% 対 89% である。ところがラテンアメリカのスペイン語では 33% 対 67% と,直説法の占める割合がスペインより大きい。ラテンアメリカでは, de ahí que 節においては,背景化された結果事態に限らず,叙法交替を利用して結果事態一般を広く表そうとする体系が成立していると見るべきであろう。（表 24d）で「これらの規則は,（表 5c）に則り,主に現代スペインのスペイン語で有効である」と断ったのは,この状況に対処するためである。

11.4　他の要素の挿入

　この節では, de ahí que 節の中に他の要素を挿入できるか否かを調べることによって提案が妥当であることを示すことにする。

まず第 11.2 節で述べたとおり，Porto Dapena (1991) や RAE & ASALE (2009) が「de ahí que 節では，deducir（推測する），implicar（暗示する）のような動詞が陰在する」という説明をしている点に着目し，実際にこの種の動詞が顕在している事例があるのかを調べてみよう。電子コーパス CREA で検索した結果は，次のとおりだった。

(表 26) CREA における「de ahí + 推測・結果の動詞 + que」の使用状況

	件数	直説法	接続法
de ahí se deduce que（推測する）	4	4	0
de ahí se implica que（暗示する）	0	0	0
de ahí se supone que（想像する）	0	0	0
de ahí resulta que（〜という結果となる）	4	4	0

(かっこ内は動詞の意味。数は大文字始まり，小文字始まりの合計。de ahí se deduce que と de ahí resulta que はともにスペイン 2 件，ラテンアメリカ 2 件。なお de ahí deduzco que（そこから私は〜と推測する），de ahí supongo que（そこから私は〜と想像する）は事例がなかった)

このように，de ahí と que 以下の節との間に推測・結果を表す動詞が現れる事例は，ごくわずかしかなく，しかもすべて直説法であった。これらの動詞は，肯定形では主として直説法の導入辞として働くので，十分予想された結果であると言える。もし de ahí que 節にこれらの動詞の陰在を仮定するならば，なぜ接続法の使用例が過半数を占めるのかが説明できない。従って，この考え方は適切であるとは言えない。

次に，de ahí que 節を構成する要素のうち，de ahí（そこから）が主たる情報を担い，que 以下は副次的情報を担っているという考え方の裏付けとなる構文の使用実例がないか調べてみよう。CREA において，de ahí と que の間に el hecho de（〜ということ），または定冠詞 el が現れる事例の件数は，以下のとおりであった。

(表27) CREA における「de ahí + el・el hecho de + que」の使用状況

	件数	直説法	接続法
de ahí el que	19	0	19
de ahí el hecho de que	2	1	1

(数は大文字始まり，小文字始まりの合計。de ahí el que はスペイン17件，ラテンアメリカ2件。de ahí el hecho de que はスペイン1件（接続法），ラテンアメリカ1件（直説法））

　このように el hecho de または el が介在する事例が観察され，しかもその大半では接続法が用いられている。また，その内容は，聞き手にとって既知の情報であることが明らかな事例が認められる。たとえば次の例はコロンビアの新聞から得られたものだが，話題にしている画家ルエダの個展のテーマが「アイデンティティ」であることは，見出しから推測できる。

(87)　La identificación　　　de　Germán Ruedas (...) "Yo determino
　　　 定 アイデンティティの確認　～の　ヘルマン　ルエダス　　　　私　決める（直現1単）

cuándo la pintura está　　　　　terminada
いつ　 定　絵画　 ～である（直現3単）　終える（過分）

y　　　sobre　qué tema quiero　　　 pintar, pero no las
そして ～について 何　主題　欲する（直現1単） 描く（不） しかし 否 それらを

bautizo,　　de　 ahí el que estas　 exposiciones
命名する（直現1単） ～から そこ 定 接続 これらの　展示物

manejen　 como　tema la identidad　del　　arte abstracto."
操る（接現3複）～として 主題　定 アイデンティティ ～の + 定 美術 抽象的な
　　　（ヘルマン・ルエダスのアイデンティティ　（…）「私は絵が描きあがる見通しが立ち，自分がどういうテーマについて描きたかったのかをつかんでから，（作品の題名を）決めることにしています。でも命名はしません。だから今回の個展は『現代美術のアイデンティティ』というテーマにしたのです。）

(*El Tiempo* 紙，1997年4月18日，Bogotá)

(表27)の事例は，第9章で扱ったel hecho 節が de ahí que 節に内包された形式になっている。これは2つの節の意味機能の近さの証左であり，de ahí que 節は el hecho 節と同様に，「前提事実を表し，事実だと言う断定・主張をしない」ことを表す機能を持っていると考えることができる。de ahí (el hecho de) que 節の構造を図式的に表現すれば次のようになる。

(88)　de ahí ———— (el hecho de) que + X
　　　〔原因〕　　　　〔結果〕
　　　焦点(主情報)　　背景(副次的情報)

　　(Xという結果の原因は，そこにあるのだ。それこそがXという結果の原因なのだ。)

　以上のように，de ahí que 節の中に他の要素を挿入することの可否を調べた結果，次のことが確認できた。第1に，「de ahí que 節には deducir (推測する)，suponer (想像する) などの動詞の挿入が含意されている」と見る立場が従来，提案されているが，妥当ではない。第2に，de ahí que 節は el hecho 節の挿入を許すところから，この2つの形式には意味機能上の共通性があると見ることができる。これは，本書が提案する de ahí que 節の叙法選択規則 (表24) を支持する現象である。

11.5　結論

　この章では，結果を表す副詞節の1つである de ahí que 節，すなわち de aquí que (これゆえに〜)，de ahí que (それゆえに〜)，de allí que (あれゆえに〜)，de donde que (そこゆえに〜) という句で始まる節に対して，本書の提案 (表5) が適用できることを示した。この提案から導かれた叙法選択規則 (表24) を提出し，それが妥当であることを，文例収集で得られた事例への適用と，他の要素の挿入という操作の可否によって検証した。またその過程で，次の2点を明らかにした。① de ahí que 節に推測・想像の動詞の陰在を

仮定する説明方法は妥当性を欠く。② allí 節，すなわち de allí que で始まる形式は，Bosque & Demonte 編（1999），RAE & ASALE（2009）を初めとする文法書では言及が見られない。これはスペインでの使用がまれであることに起因すると思われるが，ラテンアメリカの多くの地域でよく使用されるので，無視すべきではない[53]。

---

[53] なお，de ahí que 節の内部が「条件・譲歩・時などの副詞節 + 主節」という語順の構成になっている場合，この複文構造が叙法選択に影響を与える可能性があるが，本書ではこの問題には立ち入らない。

第12章

結　論

12.1　本書の議論のまとめ

　本書では，スペイン語の叙法（ムード）の使い分けの原理に関して，日本語のモダリティ研究の成果を援用して新たな提案を行い，さまざまな文形式についてこの提案が妥当であることを示してきた。最後に議論の流れを振り返りつつ，本書の提案を整理してみよう。

　第1章「序論」では，スペイン語の叙法について概説し，「スペイン語の叙法の使い分けの原理を明らかにすること」を本書の目的に掲げた。

　第2章「叙法の機能に関する従来の諸説」では，これまでの諸学説を検討した結果，本書の対象を論じるには，どのような点への留意が欠かせないかを，（表3）の形で抽出した。特に（表3a）の「意味面からの規定」に関しては（表2）のような捉え方があることを明らかにした。

（表3）叙法の働きを考えるうえでの留意点（再録）

a. 叙法を統語面から規定するか，意味面から規定するか。
b. 叙法はそれ自体が意味を持つか，それとも意味を担うのは別の言語要素で，叙法はそれと呼応しているに過ぎないのか。
c. 叙法の原理を一元論，二元論，多元論のいずれで捉えようとするか。
d. 両叙法の間に，有標・無標の区別を行うか。

(表2) 叙法の意味的働きに関する諸説（再録）

	直説法	接続法
1.	現実	非現実
2.	現実	願望，疑惑
3.	客観性	主観性
4.	断定	非断定（断定保留）
5.	主張	無主張
6.	主たる情報	副次的情報
7.	（その他）	

次に第3章「スペイン語と日本語のモダリティ」では，日本語学において高度に発達を遂げたモダリティ研究の成果を手がかりにすることの可能性を探り，その際の留意点を（表4）のように要約した。

(表4) 叙法の分析にモダリティ，日本語との対照研究を関係づけるうえでの留意点（再録）

> a. 叙法の分析に，モダリティの概念をどう生かすか。
> b. 特に，国語学の「陳述」，日本語学の「モダリティ」の概念を，スペイン語の叙法の分析に生かすことが有用か。

第4章「叙法の機能に関する新たな提案」では，第2～3章の議論を踏まえ，次のような立場を採ることが妥当であるという結論に至った。

第1に，（表3）に関しては，① 二元論を採る。すなわち，基本的には，直説法はそれ自体が意味を持つと見なし，意味面から規定する。一方，接続法は，意味を担う別の言語要素に呼応した形態と見なし，統語面から規定する。② 発話レベルにおいては，直説法を無標の叙法，接続法を有標の叙法と見なす。発話に至る過程においては，どちらを有標・無標と見ることもできないと考える。

第2に，（表4）に関しては，① 叙法をモダリティに関与する言語形式の一種と見なす。日本語学の成果をスペイン語の叙法の分析に生かすことを有

用と判断する。② 日本語学で説かれる「命題めあてのモダリティ」,「聞き手めあてのモダリティ」の中から,それぞれ「事実だと断定する」働きと「断定した内容を聞き手にむけて主張する」働きを取りだし,スペイン語の叙法に結びつける。すなわち,「直説法はこの2つの働きを具備しているのに対し,接続法はこれらのモダリティを十分に示さない統語環境に使用される」と考える。或いは,「陳述」の度合が,直説法は大きく,接続法は小さいということもできる。

そして,この考え方に基づき,スペイン語の叙法の使い分けの規則を(表5)の形で提案した。

（表5）提案：スペイン語の叙法の機能分担規則（再録）

a.「事実だと断定し,聞き手にむけて主張する」働きをする動詞は,発話レベルにおいて無標の叙法である直説法で表される。
b.「願望」「疑惑」「前提事実」などを表し,「事実だという断定・主張をしない」働きをする叙法導入辞に導かれる動詞は,発話レベルにおいて有標の叙法である接続法で表される。
c. 上記 a, b の下線部は,主に現代スペインのスペイン語で有効である。

この提案では,次のような概念を用いた。①「断定」と「主張」,②「発話レベルにおける有標・無標」,③「願望」「疑惑」「前提事実」,④「叙法導入辞」。この中で最も重要な④の「叙法導入辞」とは,従属節,または同一の節中の動詞の叙法を決定する語・語句を指す。接続法を導く叙法導入辞,直説法を導く叙法導入辞の例をそれぞれ(表6)と(表7)に掲げた。

(表6) 接続法を導く叙法導入辞の例（再録）

a. 願望を表す語・語句：desear（願う），querer（欲する），pedir（乞う），permitir（許可する），prohibir（禁じる），necesario（必要な），orden（命令），consejo（助言），intención（意図），para（～のために），a fin de（～の目的で），en espera de（～を期待して），ojalá（願わくば）

b. 疑惑を表す語・語句：dudar（疑う），creer 否定形（思わない），negar（否定する），posible（～かもしれない），incierto（不確かな），seguro 否定形（確実でない），mentira（うそ），sin（～なしに），antes（～する前），tal vez（多分），probablemente（恐らく）

c. 前提事実を表す語・語句：alegrarse（喜ぶ），temer（危惧する），molestar（困らせる），interesar（関心を抱かせる），triste（悲しい），bueno（良い），natural（自然な），lástima（残念なこと），maravilla（すばらしさ），de ahí（それゆえ）

(表7) 直説法を導く叙法導入辞の例（再録）

a. 確実性を表す語・語句：creer（思う），cierto（確かな），seguridad（確実性），prueba（証拠）
b. 平叙の伝達を表す語・語句：decir（言う），asegurar（確言する）
c. 知覚・知識を表す語・語句：oír（聞く），saber（知る），darse cuenta（気づく），leer（読む），olvidar（忘れる），recuerdo（思い出），noticia（知らせ）
d. 生起を表す語・語句：ocurrir（(できごとが)起きる）
(a.～d. は，肯定・平叙の節に用いられる場合を原則とする)

（表5c）は，次の問題に対応すべく設けた補則である。① 叙法が発話レベルにおいて有標か，無標かの基準が，かつてのスペイン語では現代語とは必ずしも一致しない。②「前提事実」が叙法選択に与える影響が，ラテンアメリカのスペイン語では，スペインのスペイン語とは異なる場合がある。

第4章ではさらに，提案（表5）が最も基本的な事例に問題なく適用できることを示した。

第5章「名詞節Ⅰ（要素の付加，移動）」では，名詞節をとる複文に，要素の付加や移動を加えて，文法性に変化が起きるかテストすることによって，提案（表5）の妥当性を示した。

第6～11章では，従来の諸説では十分に説明できなかった構文にも，本

書の提案が有効であることを示した．まず，第 6 章「名詞節 II（多重従属）」では，名詞節の中に，さらに名詞節が存在するという多重の複文を扱った．多重従属構造では，時に，直接の主節ではなく，その上位の節の要素が叙法導入辞となって，叙法が決定される場合がある．この現象は，本書の提案により無理なく説明できることが示された．

第 7 章「名詞節 III（感情節）」では，感情，主観的判断を表す語・語句を叙法導入辞とする名詞節を「感情節」と呼び，これを対象とした．この名詞節では，事実を表す場合にも接続法が用いられるため，特に「接続法は非現実を表す」とする立場にとって反例となる．この現象は，本書の提案によって適切に対処できることを，次の 3 つの資料によって示した．① 一定の資料体から得られた感情節の全用例．② 巨大な資料体からある感情節を取りだしたもの．③ 感情節に情報の焦点が当たるかどうかを調べるために選んだ資料．

第 8 章「名詞節 IV（思考節，虚偽節）」では，creer（思う）などを主動詞とする名詞節（「思考節」）と，fingir（〜のふりをする）などを主動詞とする名詞節（「虚偽節」）を扱った．多くの学説にとって説明困難な次の 3 つの現象が，本書の提案にとっては，むしろその妥当性を裏付けるものであることを確認した．① 否定命令文または修辞疑問文に含まれる思考節には，直説法が用いられる．② ラテンアメリカのスペイン語では，無標の疑問文に含まれる思考節に，接続法が頻繁に用いられる．③ 虚偽節では，事実ではない事柄を表すにもかかわらず，直説法が用いられる．

第 9 章「名詞修飾節」では el hecho de que（〜ということ）という形で始まる名詞修飾節を el hecho 節と名づけ，その叙法選択の規則を本書の提案から導き，（表 14）として提示した．その裏付けには，① el hecho 節を用いた文の容認度に関する調査と，② el hecho 節の内容を文の情報の焦点から外すテストを利用した．

(表 14) el hecho 節の叙法選択規則（再録）

a. 一般に名詞修飾節では，その主要部たる名詞が叙法導入辞となる。主要部が hecho の場合は，その語彙的意味の希薄さゆえに「事実だと断定し，聞き手にむけて主張する」ことも，そうでないことも可能なので，直説法・接続法のどちらも導入しうる。
b. hecho の語彙的意味の希薄さから，el hecho 節においては，統語的・意味的関係の強い外部要素が叙法導入に関与することも可能である。
c. el hecho 節が「事実だと断定し，聞き手にむけて主張する」場合は，この節は直説法をとり，文の主たる情報を表す。この節が動詞，前置詞の目的語となって，主節に後続することが多い。
d. el hecho 節が「前提事実を表し，事実だという断定・主張をしない」場合は，この節は接続法をとり，主節の情報を支える副次的情報を表す。この節が文の主語となって，主節に先行することが多い。
e. これらの規則は，本書の提案（表 5）から導かれる。また，a, b と c, d は並行して働く。
f. これらの規則は，（表 5c）に則り，主に現代スペインのスペイン語で有効である。

　第 10 章「副詞節 I（譲歩節）」では，aunque（〜にもかかわらず；たとえ〜でも）という譲歩の接続詞が導く副詞節を aunque 節と呼び，その叙法選択の規則を本書の提案から導き，（表 19）として提示した。その裏付けは，文例収集とインフォーマント調査によって行った。また，考察の過程で，次の 3 点を明らかにした。① 最近は aunque 節が事実を表す場合に接続法を用いる用法が注目されているが，実際にはこの用法はそれほど多用されない。② この用法は「既知情報」の概念で説明されることが多いが，それだけでは不十分である。③ この用法はラテンアメリカのスペイン語ではあまり顕著には見られない。

(表 19) aunque 節の叙法選択規則（再録）

a. aunque 節が「事実だと断定し，聞き手にむけて主張する」内容を表す場合，叙法導入辞 aunque は直説法を導入する。
b. aunque 節が「① 疑惑，または② 前提事実を表し，事実だという断定・主張をしない」場合，叙法導入辞 aunque は接続法を導入する。②の場合，aunque 節は主節の情報を支える副次的情報を表す。
c. これらの規則は，本書の提案（表5）から導かれる。
d. これらの規則は，（表5c）に則り，主に現代スペインのスペイン語で有効である。

第11章「副詞節Ⅱ（結果節）」では，de aquí que（これゆえに〜），de ahí que（それゆえに〜），de allí que（あれゆえに〜），de donde que（そこゆえに〜）という句で始まる結果の副詞節を「de ahí que 節」と呼び，その叙法選択の規則を本書の提案から導いて，（表24）のようにまとめて提示した。その根拠を，文例収集で得られた事例への適用と，他の要素の挿入という操作の可否によって示した。またその過程で，次の2点を明らかにした。① de ahí que 節に推測・想像の動詞の陰在を仮定する説明方法は妥当性を欠く。② 一般に allí 節，すなわち de allí que で始まる形式の存在が無視されているが，ラテンアメリカでは使用頻度が高いので，無視すべきではない。

(表 24) de ahí que 節の叙法選択規則（再録）

a. de ahí que 節が「事実だと断定し，聞き手にむけて主張する」内容を表す場合，叙法導入辞 de ahí que，de aquí que，de allí que，de donde que は直説法を導入する。
b. de ahí que 節が「前提事実を表し，事実だという断定・主張をしない」場合，叙法導入辞 de ahí que，de aquí que，de allí que，de donde que は接続法を導入する。このとき de ahí que 節は主節または直前の文の情報を支える副次的情報を表す。
c. これらの規則は，本書の提案（表5）から導かれる。
d. これらの規則は，（表5c）に則り，主に現代スペインのスペイン語で有効である。

12.2 本書で論じたこと，論じなかったこと

以上のように，本書の提案を，（表 5）「提案：スペイン語の叙法の機能分担規則」として提示した．また，その適用の実例を示すために，いくつかの用法についての細則を（表 5）から導いて示した．それが（表 14）「el hecho 節の叙法選択規則」，（表 19）「aunque 節の叙法選択規則」，（表 24）「de ahí que 節の叙法選択規則」である．これらが本書の骨子を成す．最善を尽くしたつもりではあるが，不備・誤謬のあることを恐れる．諸賢の批判を乞う次第である．

本書の議論は，スペイン語の叙法とモダリティの問題に日本語学を援用して捉えなおそうという理論的な試みである．これをそのままの形でスペイン語教育に適用することは目指していない．叙法の教育方法をどう考えるかについては，福嶌（2003）で示した．

本書では，時制の問題には立ち入らなかった．接続法の 2 つの過去形（ra 形と se 形）の機能的差異の有無については福嶌（2015c, 2017）などで扱ったが，時制が叙法に与える影響一般については，今後考えて行かなければならない．直説法・接続法と不定詞との関係についても同様である．

また，本書では，モダリティを担う形式のうち，叙法に焦点を当てたため，それ以外にモダリティと関係する問題，すなわち文副詞，文の種類，否定・疑問などについては触れなかった．

スペイン語の叙法に関する研究は，本書執筆中にも次々と発表されたが，ごく最近の研究は十分に採りあげることができなかった[54]．また，スペイン語以外のロマンス諸語の叙法の研究の成果，特にフランス語に関しては，本書の研究の契機の 1 つとなった佐藤（1970）や，その後の曽我（1992），守田（2015），渡邊（2014, 2018）などの成果を生かすことができなかった．ポルトガル語についての鳥越（2016）も同様である．

最後に，本書では，通時的問題や，地域差については，現象ごとに現代スペインのスペイン語との対比で捉えるに留め，全体像を示すことはしな

---

[54] 近藤（2011），三宅（2013），藤田（2015）など．また，今回は瓜谷・高橋（1989）のような先行研究の成果を十分生かすことができなかった．

かった。ラテンアメリカのスペイン語の叙法の総論は，不十分ながら福嶌（1997a, 1997b, 1999, 2000a, 2001a）などですでに論じたが，叙法機能の通時的変化については，福嶌（2008）などで部分的に扱ったに過ぎない。その包括的な考察は，今後の課題としたい。

参考文献

Ahern, Aoife (2008) *El subjuntivo: contextos y efectos*, Madrid: Arco/Libros.
秋山紀一 (1996)「El hecho de que 名詞節」．原誠教授退官記念論文集刊行委員会・編『原誠教授退官記念論文集』．pp. 29–44, 東京：原誠教授退官記念論文集刊行委員会．
Alarcos Llorach, Emilio (1994) *Gramática de la lengua española*, Madrid: Espasa Calpe.
Álvarez Menéndez, Alfredo (1991) "Conectores y grupos oracionales consecutivos", *Lingüística Española Actual* 13: 1, pp. 117–132, Madrid: Arco/Libros.
Bally, Charles (1932) *Linguistique générale et linguistique française*. Paris: E. Leroux. 小林英夫・訳 (1970)『一般言語学とフランス言語学』(底本は 1965[4]), 東京：岩波書店．
Bell, Anthony (1980) "Mood in Spanish: a discussion of some recent proposals", *Hispania* 63, pp. 377–390, Baltimore: The American Association of Teachers of Spanish and Portuguese (以下 AATSP と略記).
Bello, Andrés (1847; 1984) *Gramática de la lengua castellana*, Madrid: EDAF.
Bolinger, Dwight (1974) "One subjunctive or two?", *Hispania* 57, pp. 462–471, Baltimore: AATSP.
Bolinger, Dwight (1976) "Again— one or two subjunctives?", *Hispania* 59, pp. 41–49, Baltimore: AATSP.
Borrego, Julio, José Gómez Asencio & Emilio Prieto (1986) *El subjuntivo. Valores y usos*, Madrid: SGEL.
Bosque, Ignacio (1990) "Las bases gramaticales de la alternancia modal. Repaso y balance", Bosque, Ignacio 編 *Indicativo y subjuntivo*, pp. 13–65, Madrid: Taurus.
Bosque, Ignacio (2012) "Mood: indicative vs. subjunctive", Hualde, José Ignacio, Antxon Olarrea & Erin O'Rourke 編 *The Handbook of Hispanic Linguistics*, pp. 373–394, Oxford: Blackwell.
Bosque, Ignacio & Violeta Demonte 編 (1999) *Gramática descriptiva de la lengua española*, Madrid: Espasa Calpe.
Bosque, Ignacio & Javier Gutiérrez-Rexach (2008) *Fundamentos de sintaxis formal*, Madrid: Akal.
Bull, William E. (1965) *Spanish for Teachers,* New York: The Ronald Press.
Busch, Hans-Jörg (2017) *A Complete Guide to the Spanish Subjunctive*, London: Routlegde.
Butt, John & Carmen Benjamin (1988[1], 2011[5]) *A New Reference Grammar of Modern Spanish*, London: Hodder Education.
Coste, Jean & Augustín Redondo (1965) *Syntaxe de l'espagnol moderne*, Paris: Société d'Edition d'Enseignement Supérieur.
Criado de Val, Manuel (1962) *Fisonomía del idioma español*, Madrid: Aguilar.

De Bryune, Jacque (1989) *Spaanse Spraakkunst*, Barrera-Vidal, Alberto 訳 (1998) *Grammaire espagnole*, Paris: Duclot

出口厚実 (1981)「接続法と陰否性:スペイン語叙法分析の一視点」,『大阪外国語大学学報』52, pp. 19–37, 大阪:大阪外国語大学.

出口厚実 (1983)「節の統語型と叙法」, *Hispánica* 27, pp. 20–36, 東京:日本イスパニヤ学会.

出口厚実 (1997)『スペイン語学入門』, 東京:大学書林.

De Mello, George (1996). "Indicativo por subjuntivo en cláusula regida por expresión de reacción personal", *Nueva Revista de Filología Hispánica* 45: 2, pp. 365–386, México, D.F.: El Colegio de México.

Domínguez García, María Noemí (2000) "Las unidades *por eso* y *de ahí*: descripción y clasificación", Borrego Nieto, Julio & Jesús Fernández González 編 *Cuestiones de actualidad en lengua española*, pp. 53–61, Salamanca: Universidad de Salamanca; Bogotá: Instituto Caro y Cuervo.

Demonte, Violeta (1977) *La subordinación sustantiva*, Madrid: Cátedra.

Fente, Rafael, José Fernández & Lope G. Feijóo (1972) *El subjuntivo*, Madrid: SGEL.

Fernández Álvarez, Jesús (1984) *El subjuntivo*, Madrid: Edi-6.

Fernández Ramírez, Salvador (1986) *Gramática española 4: el verbo y la oración*, Madrid: Arco/Libros.

藤田亜弓 (2015)「スペイン語接続法の伝達機能に関する認知的研究」, 修士論文, 京都:京都大学.

福嶌教隆 (1976)「イスパニア語接続法に関する諸説の検討」,『外国語教育』3, pp. 10–20, 奈良:天理大学.

福嶌教隆 (1977a) "Andrés Bello and the performative analysis", *Nebulae* 3, pp. 200–202, 大阪:大阪外国語大学.

福嶌教隆 (1977b)「イスパニア語接続法の独立文中における用法について」,『外国語教育』4, pp. 30–40, 奈良:天理大学.

福嶌教隆 (1978)「イスパニア語接続法の感情動詞に導かれる用法について」,『外国語教育』5, pp. 25–37, 奈良:天理大学.

福嶌教隆 (1981)「イスパニア語接続法の名詞節における用法 (2)」,『外国語教育』7, pp. 58–72, 奈良:天理大学.

福嶌教隆 (1983)「書評:Ángel Manteca Alonso-Cortés, *Gramática del subjuntivo*, Madrid: Cátedra, 1981」, *Hispánica* 27, pp. 165–169, 東京:日本イスパニヤ学会.

福嶌教隆 (1984)「イスパニア語接続法の頻度調査」, *Hispánica* 28, pp. 32–48, 東京:日本イスパニヤ学会.

福嶌教隆 (1986)「Emma Martinell Gifre, *El subjuntivo*, Madrid: Coloquio, 1985」, *Hispánica* 30, pp. 123–126, 東京:日本イスパニヤ学会.

福嶌教隆 (1990a) "Sobre la cláusula superregente", Bosque, Ignacio 編 *Indicativo y subjuntivo*,

pp. 164–179, Madrid: Taurus.
福嶌教隆（1990b）「イスパニア語の叙法対立に関する一試論」,『神戸外大論叢』41: 2, pp. 51–66, 神戸：神戸市外国語大学.
福嶌教隆（1990c）「el hecho de que 節について」, *Hispánica* 34, pp. 97–112, 東京：日本イスパニヤ学会.
福嶌教隆（1991）「イスパニア語モダリティ研究の最近の動向について」,『神戸外大論叢』42: 1, pp. 1–14, 神戸：神戸市外国語大学.
福嶌教隆（1992）「「Lo + 形容詞 + es que」構文における叙法選択について」,『神戸外大論叢』43: 7, pp. 51–65. 神戸：神戸市外国語大学.
福嶌教隆（1993）「de ahí que 構文について」,『神戸外大論叢』44: 6, pp. 1–22. 神戸：神戸市外国語大学.
福嶌教隆（1997a, b, 1999, 2000a, 2001a）「アメリカ大陸のイスパニア語における叙法について（1）,（2）,（3）,（4）,（5）」,『神戸外大論叢』48: 3 pp. 65–76, 同 48: 7, pp. 55–70, 同 50: 3, pp. 97–112, 同 51: 4, pp. 1–17, 同 52: 5, pp. 143–153. 神戸：神戸市外国語大学.
福嶌教隆（1998, 2004）「aunque 節中の叙法について（1）,（2）」,『神戸外大論叢』49: 2 pp. 29–43, 同 55: 6, pp. 111–131. 神戸：神戸市外国語大学.
福嶌教隆（2000b）「日西モダリティ対照研究序説」, 国立国語研究所・編『日本語とスペイン語（3）』, pp. 187–210, 東京：くろしお出版.
福嶌教隆（2001b）"En busca del valor del modo subjuntivo (desde el punto de vista de la lingüística japonesa)", *Hispanica Polonorum* 3, pp. 102–113, Lodz (Poland): Hispanica Polonorum.
福嶌教隆（2001c）"Sobre los modos verbales en la *Gramática descriptiva*, *Estudios Hispánicos* 18, pp. 55–69, Seul: Asociación Coreana de Hispanistas.
福嶌教隆（2002a）「書評：Frank Robert Palmer, *Mood and Modality*, 2nd ed., Cambridge University Press, 2001」, *Hispánica* 46, pp. 130–134, 東京：日本イスパニヤ学会.
福嶌教隆（2002b）「イスパニア語の「～ということ」節における叙法選択について」,『神戸外大論叢』53: 6, pp. 1–25, 神戸：神戸市外国語大学.
福嶌教隆（2003）「イスパニア語接続法の教育方法について」,『神戸外大論叢』54: 7, pp. 101–120, 神戸：神戸市外国語大学.
福嶌教隆（2006a）「書評：Martin Hummel, *El valor básico del subjuntivo español y románico*, Cáceres: Universidad de Extremadura, 2004」, *Hispánica* 50, pp. 189–193, 東京：日本イスパニヤ学会.
福嶌教隆（2006b）「イスパニア語の「que + 接続法」単文について」,『神戸外大論叢』57: 7, pp. 57–75, 神戸：神戸市外国語大学.
福嶌教隆（2007）「イスパニア語の感情を表す語句に導かれる接続法について」,『神戸外大論叢』58: 3, pp. 53–72, 神戸：神戸市外国語大学.
福嶌教隆（2008）「el hecho de que 節中の叙法に関する通時的考察」,『神戸外大論叢』59: 2, pp. 15–30, 神戸：神戸市外国語大学.

福嶌教隆（2010）「書評：Aoife Ahern, El subjuntivo: contextos y efectos, Madrid: Arco/Libros, 2008」, *Hispánica* 54, pp. 233–237, 東京：日本イスパニヤ学会.

福嶌教隆（2011a）「和文要約：『スペイン語新文法』第 25 章「動詞（Ⅲ）叙法」, *Lingüística Hispánica*, 別冊 5, pp. 299–314, 神戸：関西スペイン語学研究会.

福嶌教隆（2011b）「スペイン王立学士院の叙法の取り扱いについて」,『神戸外大論叢』62: 4, pp. 7–20, 神戸：神戸市外国語大学.

福嶌教隆（2011c）"Sobre la variación geográfica de la alternancia modal asociada a la interrogación", *Actas del VII Congreso Internacional de la Asociación Asiática de Hispanistas*, pp. 232–242, 北京：外語教育与研究出版社.

福嶌教隆（2013a）*El español y el japonés*, 神戸：神戸市外国語大学.

福嶌教隆（2013b, 2014）「日西モダリティ対照研究史（1）,（2）」,『神戸外大論叢』63: 3, 3–11, 64: 5, 3–17. 神戸：神戸市外国語大学.

福嶌教隆（2015a）「日本語に接続法は存在するか？」,『神戸外大論叢』65: 3, pp. 1–25, 神戸：神戸市外国語大学.

福嶌教隆（2015b）「第 6 章 動詞の叙法」, 高垣敏博・監修, 菊田和佳子, 二宮哲, 西村君代・編『スペイン語学概論』, pp. 77–91, 東京：くろしお出版.

福嶌教隆（2015c）"Pasado, presente y futuro del subjuntivo en español", *Actas del Segundo Congreso del Español y la Cultura Hispánica en Japón*, pp. 45–61, 東京：Instituto Cervantes de Tokio.

福嶌教隆（2017）「スペイン語の 2 つの接続法過去について」,『ロマンス語研究』50, pp. 31–39, 東京：日本ロマンス語学会.

福嶌教隆（2018a）"Modality in Japanese and Spanish", Pardeshi, Prashant & Taro Kageyama 編 *Handbook of Japanese Contrastive Linguistics*, pp. 635–652, Boston/Berlin: De Gruyter Mouton.

福嶌教隆（2018b）「書評：Busch, Hans-Jörg. A Complete Guide to the Spanish Subjunctive. Londres y Nueva York. Routledge, 2017」, *Hispánica* 62, pp. 131–135, 東京：日本イスパニヤ学会.

Galimberti Jarman, Beatriz 他（1994）*The Oxford Spanish Dictionary*, Oxford: Oxford University.

Garachana, Mar（1999）"Valores discursivos de las oraciones concesivas", *Lingüística Española Actual* 21: 2, pp. 189–205, Madrid: Arco/Libros.

Gili Gaya, Samuel（1943）*Curso superior de sintaxis española*, México, D.F.: Minerva.（1951）Barcelona: Biblograf.

Grande Alija, Francisco Javier（2002）*Aproximación a las modalidades enunciativas*, León: Universidad de León.

Gregory, Amy E.（2001）"A cognitive map of indicative and subjunctive mood use in Spanish", *Pragmatics and Cognition* 9: 1, pp. 99–133, Amsterdam: John Benjamins.

Gregory, Amy E. & Patricia Lunn（2012）"A concept-based approach to the subjunctive", *Hispania* 95, pp. 333–343, Baltimore: AATSP.

Hadlich, Roger L.（1971）*A Transformational Grammar of Spanish*, Englewood Cliffs: Prentice-Hall.
芳賀綏（1954）「"陳述"とは何もの？」，『国語国文』23: 4, pp. 241–255, 京都大学．（1978 再録）服部四郎，大野晋，阪倉篤義，松村明・編『日本の言語学 3 文法 I』, pp. 284–303, 東京：大修館書店．
Hallebeek, Jos（2001）"Uso y singnifiado de *aunque*", Alexandre Veiga 他・編 *Lengua española y estructuras gramaticales*, pp. 209–223, Santiago de Compostela: Universidad de Santiago de Compostela.
Hanssen, Federico（1913）*Gramática histórica de la lengua castellana*.（1966 再版）Paris: Ediciones Hispanoamericanas.
原誠（2001）「言語学的根本態度決定のためのもろもろの選択肢（その 22）」，『語学研究』22, pp. 75–106, 東京：拓殖大学．
Haverkate, Henk（2002）*The Syntax, Semantics and Pragmatics of Spanish Mood*, Amsterdam: John Benjamins.
Hernández, María Pilar（2016）*Uso del indicativo y del subjuntivo*, Madrid: Edelsa.
Hickey, Leo（1998）"《Aunque parezca mentira》: signal, control or constraint?", *Bulletin of Hispanic Studies* 75: 3, pp. 371–377, Glasgow: University of Glasgow.
本田誠二（1985）「日本語とスペイン語の叙法性に関する一考察」，『熊本商大論集』31: 1・2, pp. 687–708, 熊本：熊本商科大学．
Hummel, Martin（2004）*El valor básico del subjuntivo español y románico*, Cáceres: Universidad de Extremadura.
Igualada Belchi, Dolores Asunción（1990）"Modalidad y acto de habla. A propósito de los enunciados causales en español", *Verba* 17, pp. 231–240, Santiago de Compostela: Universidad de Santiago de Compostela.
Jiménez Juliá, Tomás（1989）"Modalidad, modo verbal y modus clausal en español", *Verba* 16, pp. 175–214, Santiago de Compostela: Universidad de Santiago de Compostela.
川口正通（2012）「現代スペイン語における譲歩表現の研究―構文文法の観点から―」，博士論文, 大阪：大阪大学．
川口正通（2013）「si によってあらわされる譲歩条件構文再考」，『神戸外大論叢』63: 3, pp. 67–68, 神戸：神戸市外国語大学．
川口正通（2014）「a pesar de que 構文の談話機能について」，『神戸外大論叢』64: 5, pp. 61–72, 神戸：神戸市外国語大学．
川上茂信（2018）「A lo mejor と接続法（1）」，『スペイン語学研究』33, pp. 51–70, 東京：東京スペイン語学研究会．
Kleiman, Ángela Bustos（1974）"A syntactic correlate of semantic and pragmatic relations: the subjunctive mood in Spanish", 博士論文, Urbana-Champaign: University of Illinois at Urbana-Champaign.
近藤由佳（長由佳）（2011）「スペイン語の時の節における叙法」，博士論文, 大阪：大阪大

学.
Krakusin, Margarita & Aristófanes Cedeño (1992) "Selección del modo después de *el hecho de que*", *Hispania* 75, pp. 1289–1293, Baltimore: AATSP.
Lenz, Rodolfo (1920, 1925²) *La oración y sus partes*, Madrid: Centro de Estudios Hispánicos.
Lozano, Anthony (1972) "Subjunctives, transformations and features in Spanish", *Hispania* 55, pp. 76–90, Baltimore: AATSP.
Lunn, Patricia V. (1989) "The Spanish subjunctive and the 'relevance'", Carl Kirschner 他・編 *Studies in Romance Linguistics,* pp. 249–260, Amsterdam: John Benjamins.
Manteca Alonso-Cortés, Ángel (1981) *Gramática del subjuntivo*, Madrid: Cátedra.
Martinell, Emma (1985) *El subjuntivo*, Madrid: Coloquio.
益岡隆志(1990)「モダリティ」，宮地裕・編『講座日本語と日本語教育 12 言語学要説 (下)』，pp. 71–96, 東京：明治書院.
益岡隆志(1991)『モダリティの文法』，東京：くろしお出版.
益岡隆志(2007)『日本語モダリティ探究』，東京：くろしお出版.
南 不二男(1974)『現代日本語の構造』，東京：大修館書店.
三宅陽子(2013)「スペイン語の関係節内の叙法選択の基準と意味について：「特定性」と「主張」の概念と，関係節内の叙法選択を左右する諸要因」，博士論文，神戸：神戸市外国語大学.
三好準之助(2017) "Selección modal y Ahern (2008)", *Lingüística Hispánica* 40, pp. 27–48, 神戸：関西スペイン語学研究会.
三好準之助(2018)「スペイン語の aunque 節の叙法選択について」，『京都産業大学論集 人文科学系列』51, pp. 207–229, 京都：京都産業大学.
Monjour, Alf (2008) "'No soy nacionalista, aunque sea vasco'. El subjuntivo argumentativo en concesivas del presente con carácter factual", *Lingüística Española Actual* 30: 1, pp. 38–63, Madrid: Arco/Libros.
守田貴弘(2015)「接続法の多元的拡張．Le fait que の分布と法の選択」，川口順二・編『フランス語学の最前線』3, pp. 107–139, 東京：ひつじ書房.
Moya Corral, Juan Antonio (1996) "Valor modal del llamado《subjuntivo concesivo polémico》", *Lingüística Española Actual* 18: 2, pp. 161–174, Madrid: Arco/Libros.
Narrog, Heiko (2009) *Modality in Japanese*, Amsterdam: John Benjamins.
Narrog, Heiko (2010)「『日本文法論』における文成立関連の概念とヨーロッパの言語学―陳述，統覚作用，モダリティ，ムード―」，斉藤倫明・大木一夫・編『山田文法の現代的意義』，pp. 217–299, 東京：ひつじ書房.
Narrog, Heiko (2014)「モダリティの定義をめぐって」，澤田治美・編『ひつじ意味論講座 3．モダリティ I：理論と方法』，pp. 1–23, 東京：ひつじ書房.
Navas Ruiz, Ricardo (1986) *El subjuntivo castellano*, Salamanca: Colegio de España.
Navas Ruiz, Ricardo (1990) "El subjuntivo castellano. Teoría y bibliografía crítica", Bosque, Ignacio 編 *Indicativo y subjuntivo*, pp. 107–141, Madrid: Taurus.

Nebrija, Antonio de（1492）. Edición preparada por Quilis, Anotnio（1980）*Gramática de la lengua castellana*, Madrid: Editora Nacional. 中岡省治・訳（1996）『カスティリャ語文法』．大阪：大阪外国語大学.

野田尚史（2000）「日本語とスペイン語の拡大活用論」，国立国語研究所・編『日本語とスペイン語（3）』．pp. 11–37, 東京：くろしお出版.

尾上圭介（1996）「文をどう見たか」，『日本語学』15: 9（9月号），pp. 1–12, 東京：明治書院.

尾上圭介（2014）「モダリティ」，日本語文法学会・編『日本語文法事典』，pp. 627–629, 東京：大修館書店.

Otaola Olano, Concepción（1988）"La modalidad（con especial referencia a la lengua española）", *Revista de Filología Española* 48: 1/2, pp. 97–117, Madrid: Consejo Superior de Investigaciones Científicas.

Porto Dapena, José Álvaro（1991）*Del indicativo al subjuntivo. Valores y usos de los modos del verbo*, Madrid: Arco/Libros.

Pottier, Bernard（1972）*Introduccition à l'étude linguistique de l'espagnol*, Paris: Ediciones Hispanoamericanas.

Ramsey, Marathon Montrose（1898; 1956）*A Textbook of Modern Spanish*, New York: Holt, Rinehart and Winston.

Real Academia Española（RAEと略記）（1771; 復刻版 1984）*Gramática de la lengua castellana*, Madrid: Editora Nacional.

Real Academia Española（1931）*Gramática de la lengua española, nueva edición reformada*, Madrid: Perlado, Páez y Cía.

Real Academia Española（1973）*Esbozo de una nueva gramática de la lengua española*, Madrid: Espasa-Calpe.

Real Academia Española & Asociación de Academias de la Lengua Española（ASALEと略記）（2009）*Nueva gramática de la lengua española*, Madrid: Espasa Libros.

Rivero, María Luisa（1972）"La concepción de los modos en la gramática de Andrés Bello y los verbos abstractos en la gramática generativa", *Revista de Lingüística Teórica y Aplicada* 10, pp. 55–74, Concepción (Chile): Universidad de Concepción.

Sastre, María Ángeles（1997）*El subjuntivo en español*, Salamanca: Colegio de España.

佐藤房吉（1970）『現代フランス語接続法 その法的価値に関する理論的研究』，東京：第三書房.

Seco, Rafael（1954, 19679）*Manual de gramática española*, Madrid: Aguilar.

曽我祐典（1992）『フランス語における状況の表現法―構文・動詞叙法の選択―』．白水社.

高垣敏博（1982）「従属標識としてのスペイン語接続法」，『京都産業大学論集 外国語と外国文学系列』9, pp. 84–110, 京都：京都産業大学.

高垣敏博（1984）"Subjunctive as the marker of subordination", *Hispania* 67, pp. 248–256, Baltimore: AATSP.

高垣敏博・上田博人・宮本正美・福嶌教隆・Antonio Ruiz Tinoco (2004)『スペイン語文法課題の検索データバンク』(平成 13・14・15 年度科学研究費補助金研究成果報告書), 東京：東京外国語大学.
高垣敏博・上田博人・宮本正美・福嶌教隆・Antonio Ruiz Tinoco (2008) *Encuesta sobre problemas sintácticos de la lengua española* (2) : *México, Colombia, Paraguay, Argentina y Chile*, 『地理的変異に基づくスペイン語の統語研究』(平成 17・18・19 年度科学研究費補助金研究成果報告書), 東京：東京外国語大学.
高垣敏博・上田博人・宮本正美・福嶌教隆・Antonio Ruiz Tinoco (2011) *Encuesta sobre problemas sintácticos de la lengua española* (3) : *Costa Rica, Venezuela, Ecuador, Perú, Bolivia y Uruguay* (平成 20・21・22 年度科学研究費補助金研究成果報告書), 東京：東京外国語大学.
高垣敏博・上田博人・宮本正美・福嶌教隆・Antonio Ruiz Tinoco (2014) *Encuesta sobre problemas sintácticos de la lengua española* (4) : *Salamanca* (*España*), *Cuba y Puerto Rico* (平成 23・24・25 年度科学研究費補助金研究成果報告書), 東京：東京外国語大学.
寺村秀夫 (1984)『日本語のシンタクスと意味 II』, 東京：くろしお出版.
寺﨑英樹 (1998)『スペイン語文法の構造』, 東京：大学書林.
Terrell, Tracy & Joan Hooper (1974) "A semantically based analysis of mood in Spanish", *Hispania* 57, pp. 484–494, Baltimore: AATSP.
Togeby, Knud (1953) *Mode, aspect et temps en espagnol*, København: Det Kongelige Danske Videnskabernes Selskab.
時枝誠記 (1950)『日本文法 口語篇』, 東京：岩波書店.
鳥越慎太郎 (2016)「ポルトガル語の接続法とその習得」, 博士論文, 東京：東京外国語大学.
Trujillo, Ramón (1996) "Sobre el uso metafórico de los modos en español", Wotjak, Gerd 編 *El verbo español*, pp. 9–39, Frankfurt: Vervuert.
辻井宗明 (2008)「過去指示 después que と después de que における『抽象的時間関係』と叙法の相関性について」, 『関西外国語大学研究論集』88, pp. 93–112, 大阪：関西外国語大学.
上田博人・編 (1984–1997) *Análisis lingüistico de obras teatrales españolas*, 12 巻, 東京：東京外国語大学 (第 1 〜 3 巻), 東京大学 (第 4 〜 12 巻).
上田博人 (2002)「日本語の「は」とスペイン語の接続法」, 『日本語学』21: 8 (7 月号), pp. 13–24, 東京：明治書院.
瓜谷良平・高橋敏夫 (1989)『現代スペイン語の動詞・接続法使用の統計調査』, 自費出版.
Vallejo, José (1922) "Notas sobre la expresión concesiva", *Revista de Filología Española* 9, 40–51, Madrid: Consejo Superior de Investigaciones Científicas.
Veiga, Alexandre (2006) "Las formas subjuntivas. Su reorganización modo-temporal", Company Company, Concepción 編 *Sintaxis histórica de la lengua española*, I, pp. 95–240, México,

D.F.: Universidad Nacional Autónoma de México & Fondo de Cultura Económica.

和佐敦子（1999）"El subjuntivo y la modalidad", *Hispania* 82: 1, pp. 121–127, Baltimore: AATSP.

和佐敦子（2001）"Los adverbios que epistémicos que co-aparecen con oraciones interrogativas", *Hispánica* 45, pp. 37–47, 東京：日本イスパニヤ学会.

和佐敦子（2005）『スペイン語と日本語のモダリティ―叙法とモダリティの接点―』，東京：くろしお出版.

和佐敦子（2009）"Mirativdad en español y en japonés", *The Journal of International Studies* 36, pp. 1–10, 枚方：関西外国語大学.

和佐敦子（2014）「スペイン語におけるムードとモダリティ」，澤田治美・編『ひつじ意味論講座 3. モダリティ I：理論と方法』，pp. 205–223, 東京：ひつじ書房.

和佐敦子（2016）「スペイン語接続法と事態認知」，山梨正明・編『認知言語学論考』13, pp. 163–184, 東京：ひつじ書房.

渡邊淳也（2014）『フランス語の時制とモダリティ』，東京：早美出版社.

渡邊淳也（2018）『中級フランス語 叙法の謎を解く』，東京：白水社.

渡辺 実（1953）「叙述と陳述―述語文節の構造―」，『国語学』13・14, pp. 20–34, 東京：国語学会.

渡辺 実（1971）『国語構文論』，東京：塙書房.

Woehr, Richard（1975）"Grammar of the factive nominal in Spanish", *Language Sciences* 36, pp. 13–19, Amsterdam: Elsevier.

山田孝雄（1936）『日本文法学概論』，東京：寶文館.

山田善郎・監修（2016）『スペイン語大辞典』，東京：白水社.

Zamorano Aguilar, Alfonso（2001）*Gramaticografía de los modos del verbo español*, Córdoba: Universidad de Córdoba.

Zamorano Aguilar, Alfonso（2005）*El subjuntivo en la historia de la gramática española (1771–1973)*, Madrid: Arco/Libros.

参照 URL

www.rae.es/（Real Academia Española の電子コーパス CREA（Corpus de referencia del español actual））閲覧：2007 ～ 2017 年.

索 引

A〜Z
aunque 節 97–112, 114, 140–142
de ahí que 節 115–125, 127, 129, 130, 132, 133, 141, 142
el hecho 節 81, 83–87, 89–91, 93, 95, 96, 113, 132, 139, 140, 142

あ行
一元論 7, 13, 17, 19, 35, 135
意味面からの規定 7, 12, 135

か行
外部要素 84–87, 90, 140
仮言的内容 107, 108
仮定 5, 9, 14, 39, 42, 97, 103, 107–109, 113, 118, 130, 132, 141
仮定譲歩節 99
関係節 3, 4, 15, 41, 42
感情（節）34, 41, 58–63, 65–67, 70, 77, 85, 86, 92, 113, 139
感嘆 22
願望 8, 12, 13, 29, 31, 38, 104, 118, 136–138
疑似分裂文 66, 67, 69
既知情報 15, 16, 63, 100–102, 110, 114, 119, 121, 140
疑問（文）9, 21, 22, 38, 40, 72–77, 79, 92, 93, 95, 96, 113, 139, 142
客観性 12, 13, 15, 16, 136
虚偽（節，動詞）71, 78, 79, 139
疑惑 4, 13, 14, 17, 29, 31, 37, 77, 84, 103, 104, 109, 137, 138, 141
結果（節）77, 115, 116, 120, 121, 129, 130, 132, 141

原因 115, 120, 121, 129, 132
現実 12–14, 16, 29, 30, 81, 84, 85, 93, 118, 121, 136
国語学 21, 22, 24–27, 36, 136

さ行
思考（節，動詞）41, 71–74, 77, 79, 92, 113, 139
事実 5, 13, 14, 16, 25, 29–33, 35–38, 40–43, 48, 51, 58, 59, 61–63, 65, 66, 69, 70, 73, 77–79, 81, 86–93, 96–104, 107–111, 113, 114, 120, 121, 127, 132, 137, 139–141
事実譲歩節 99
事実に反する条件 5, 43
修辞疑問（文）71, 74, 79, 139
従属（節，動詞）3, 4, 8, 9, 11, 24, 26, 31, 34, 37, 40–42, 45, 46, 48–51, 53–58, 62, 65, 67, 69–71, 73, 81, 83, 84, 107, 115, 137
従属標識 84
主観性 12, 13, 15, 16, 22, 25, 84, 136
主節 3, 8, 9, 37, 39–42, 48–51, 54, 59, 71, 86, 87, 89, 90, 97, 104, 110, 121, 133, 139–141
主たる情報 12, 15, 84, 86, 87, 90, 93, 96, 101, 102, 104, 105, 110, 120, 125, 127, 130, 136, 140
主張 9, 12–17, 22, 25–27, 29–33, 35–38, 40–43, 48, 51, 57, 58, 62, 65, 66, 69, 73, 74, 77, 79, 84, 87, 89, 90, 92, 98, 101, 104, 105, 108–110, 120, 121, 127, 129, 132, 136, 137, 140, 141
主動詞 37, 41, 59, 60, 71, 75, 90, 139

主要部 45, 46, 77, 85, 87, 140
条件節 4, 5, 43
焦点（化）16, 17, 48, 60, 65–67, 69, 70, 96, 119, 129, 132, 139, 142
情報 7, 12, 13, 15, 16, 30, 38, 48, 51, 58, 60, 65, 66, 69, 70, 77, 84, 86, 87, 89, 93, 96, 100–104, 110, 119–121, 124, 128, 129, 131, 132, 139–141
譲歩節 77, 97, 99, 104, 140
叙実述語 31, 46
叙法（ムード）2, 4, 7–9, 11–19, 22, 26–33, 35–38, 40–43, 53–58, 62, 66, 67, 70–72, 74, 75, 77, 80, 81, 83–87, 89, 90, 92–97, 99–101, 104, 113, 114, 118, 120, 121, 123, 129, 132, 133, 135–143
叙法導入辞 9–11, 17, 29, 31, 32, 36, 37, 39–42, 45, 53, 55, 59, 61, 62, 65, 70, 85, 87, 89, 104, 108–110, 120, 121, 137–141
新情報 101, 102, 120, 127
スペイン語（イスパニア語）1, 2, 7–9, 13, 14, 17, 21, 22, 25–29, 33–36, 45, 56, 58, 60, 62, 71, 75, 77, 83, 84, 86, 93, 115, 135–138, 142
スペインのスペイン語 29, 32, 34, 35, 74, 77, 87, 96, 104, 113, 114, 121, 129, 137, 138, 140–142
接続法 1, 2, 4, 5, 7–18, 26, 27, 29–43, 45, 46, 48, 50, 51, 53–63, 65, 67, 69–79, 81, 83–87, 89, 90, 92, 93, 95–110, 112–114, 116, 118–121, 123–125, 129–131, 136–142
前提 14, 17, 18, 25, 31, 35, 65, 77, 86, 92, 100, 120, 124, 129
前提事実 29, 31, 34, 46, 48, 62, 77, 80, 85–87, 104, 105, 110, 121, 125, 128, 132, 137, 138, 140, 141
挿入節 49, 50, 58

た行
対照研究 14, 21, 25–27, 36, 136
多元論 7, 17, 19, 35, 36, 135
多重従属 53, 54, 57, 58, 72, 139
単純条件 5, 43
断定 12–14, 22, 27, 29–33, 35–38, 40–43, 48, 51, 58, 62, 65, 66, 69, 73, 74, 77, 79, 87, 89, 90, 92, 102–105, 107–110, 120, 121, 127, 129, 132, 136, 137, 140, 141
中和 84, 100, 104, 118, 129
直説法 1, 2, 4, 5, 7–18, 26, 29, 30, 32–38, 40–43, 45, 46, 48, 50, 51, 53–57, 60–63, 65–67, 69–79, 81, 83–87, 89–92, 95–97, 100, 104–108, 112, 113, 115, 119–123, 125, 127, 129–131, 136–142
陳述 21–27, 36, 136, 137
統語面からの規定 7
特定 4, 17, 42
独立（性）9–11, 48, 58
独立文 3, 4, 37, 40, 48

な行
二元論 13, 17, 19, 35, 36, 135, 136
日本語 2, 8, 14, 21, 22, 25–27, 36, 135, 136
日本語学 2, 21, 22, 24–28, 36, 136, 137, 142

は行
発話レベル 29–32, 35, 37, 38, 43, 75, 136–138
半名詞節 59, 61
反論用法 100, 101, 104
非現実 12–14, 16, 58, 59, 62, 79, 84, 85, 93, 136, 139
非焦点化 93

非断定（断定保留）12, 14, 136
否定（形）9–12, 16, 17, 31, 41, 71, 74, 86, 138, 142
否定命令（文）38, 71–73, 79, 139
表現効果 74, 80
付加疑問（文）47, 48, 51
副詞節 2, 4, 5, 15, 42, 93, 97, 114, 115, 132, 133, 140, 141
副次的情報 12, 15, 86, 87, 90, 93, 96, 100–102, 104, 105, 110, 121, 130, 132, 136, 140, 141
複文 3, 37, 45, 53, 59, 65, 133, 138, 139
不定詞 1, 30, 32, 55, 56, 142
不特定 4
文らしさ 24, 26
平叙（文）4, 21, 22, 32, 33, 37, 38, 40, 58, 73, 95, 138

ま行

無主張 12, 14–16, 136
無標 12, 17–19, 29– 33, 35–38, 43, 74, 75, 79, 103, 129, 135–139
名詞修飾節 2–4, 40, 41, 77, 81, 85, 87, 96, 139, 140
名詞節 2–4, 15, 37, 40, 41, 45, 53, 58, 59, 61, 63, 71, 78, 138, 139
命題 14, 16, 22, 25–27, 36, 104, 137
命令（文）21, 22, 38–40, 74
命令法 1, 2, 38, 39
モダリティ 2, 9, 11, 14, 15, 21, 22, 24–28, 36, 104, 135–137, 142

や行

有標 12, 17–19, 29–32, 35, 36, 43, 74, 104, 135–138

ら行

ラテンアメリカのスペイン語 34, 35, 65, 79, 90, 92, 113, 114, 129, 138–140, 143

福嶌教隆（ふくしま・のりたか）

神戸市外国語大学名誉教授
スペイン王立学士院外国人会員（académico correspondiente extranjero）
言語学博士（Doctor en Filología, マドリード大学（Universidad Complutense de Madrid），1992）

[主要著書]
参考文献に記したもの以外に，
『中級スペイン文法』（山田善郎・監修，共著），白水社，1995.
『主題の対照』（益岡隆志・編，共著），くろしお出版，2004.
Presencias japonesas（Ovidi Carbonell Cortés 編，共著），Ediciones Universidad de Salamanca, 2014.
などがある。

スペイン語のムードとモダリティ
―日本語との対照研究の視点から―

2019年6月3日	初版第1刷発行
著　者	福嶌教隆
発行人	岡野秀夫
発行所	株式会社　くろしお出版
	〒102-0084　東京都千代田区二番町4-3
	TEL: 03-6261-2867　FAX: 03-6261-2879
	URL: http://www.9640.jp　e-mail: kurosio@9640.jp
印刷所	株式会社三秀舎
装　丁	大坪佳正

© Noritaka FUKUSHIMA 2019　Printed in Japan
ISBN 978-4-87424-799-0　C3087
乱丁・落丁はおとりかえいたします。本書の無断転載・複製を禁じます。